資金調達 有価証券の評価 から デリバティブ まで

よくわかる 金融取引の経理実務

税理士
齋藤忠志
Saito Tadashi

日本実業出版社

はじめに

企業にとって資金は血液にたとえられることがあります。人間にとっての血液と同様、企業にとっても資金が欠乏すれば、事業の継続は不可能となってしまいます。この資金に関する取引が金融取引であり、企業活動にとって重要な位置を占めています。

ここで金融取引とは、狭い意味では資金の貸借取引をいいますが、金融取引に金融商品の取引を含めて考えれば、金融商品会計基準が対象とする取引、金融商品取引法が対象とする取引、銀行・証券会社・保険会社などの金融機関等が取り扱う商品の取引なども、金融取引ということができます。そこで本書では、金融商品会計基準を踏まえ、企業の事業活動にとって身近な金融商品に関する取引を、金融取引として解説します。

さらに、資金の拠出者である株主との取引であり、企業の資金調達と密接な関係がある、自己株式の取得や処分、増減資、準備金の取崩しなどの資本取引も、構成に含めることにしました。

これらの幅広い内容について、経理実務の観点から、知っておきたい基礎知識、会社法の取扱い、会計・税務処理を、各項目見開き２ページで解説しています。

これらの金融取引に関する正しい理解により、会社の金融資産を正当に評価し、資金調達を効率的に行ない、投機取引による過大な損失から会社を守り、結果として財務基盤の強化につなげることが可能となります。これらの目的のために、本書が少しでもお役に立てれば幸いです。

なお、本書では為替予約などの通貨に関するデリバティブ取引などは対象としていません。これらの項目については、拙著『よくわかる国際取引の経理実務』（日本実業出版社刊）を参照していただければと思います。

税理士　齋藤忠志

本書は2012年6月1日現在の法令等に基づいています。

よくわかる金融取引の経理実務

もくじ

CONTENTS

3章　債権の経理処理

5章　有価証券の評価のしかた

6章　リース取引の経理処理

8章　デリバティブ取引の経理処理

本文DTP／一企画

1章

資金調達の経理処理

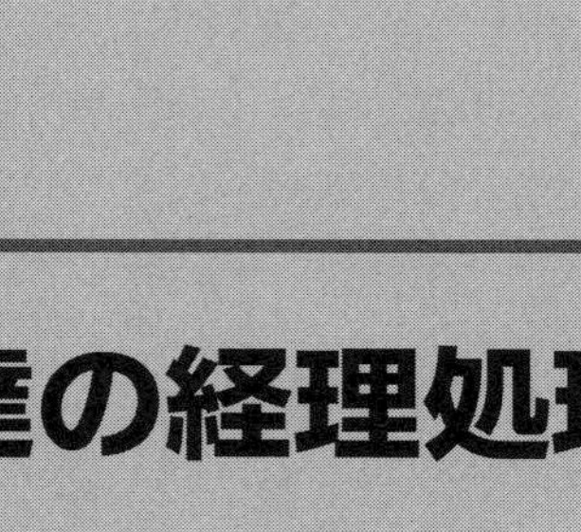

資金調達を効率的に行なうことは、企業の経営課題の一つです。企業の資金調達の方法には、借入金、社債から、株式発行まで多岐にわたりますが、この章では、資金調達の種類や、所用資金の額の算定、金利の決まり方、資金調達方法に応じた経理処理などについて取り上げます。株式発行による資金調達については、資本取引として7章で解説します。

1 企業の資金調達方法にはどのようなものがあるか

➔資金調達には、内部資金と外部資金による方法がある

企業の資金調達方法には、大きく分けて内部資金と外部資金による方法があります。内部資金は、企業の利益を内部留保したことによる資金で、外部資金は金融機関や投資家など、企業の外部から調達した資金です。外部資金による資金調達は、企業の負債または資本として計上されます。

外部資金の調達先による分類

外部資金は、調達先によって直接金融と間接金融に分類できます。**直接金融**とは金融機関を介さずに直接投資家から出資や融資を受けるもので、社債や資本などがあります。**間接金融**とは、預金者（投資家）が預金した金融機関から資金の融資などを受けるもので、借入金などがあります。

外部からの資金調達方法による分類

外部からの資金調達方法は、次のように分類されます。ただし、新株予約権付社債（28ページ参照）のように負債が資本化し、議決権制限の優先株式（203ページ参照）のように資本が負債化するなど、区分は相対化しているといえます。

①アセット・ファイナンス（Asset Finance）…保有資産の賃貸・売却や証券化など、資産による資金調達のことです。

②デット・ファイナンス（Debt Finance）…借入金や社債など、負債による資金調達のことです。

③エクイティ・ファイナンス（Equity Finance）…新株発行や転換社債など、資本による資金調達のことです。

④企業間信用…買掛金や支払手形なども、支払期限が長くなるほど借入金としての性格に類似していくため、資金調達の一種といえます。

◆株式会社の資金調達方法

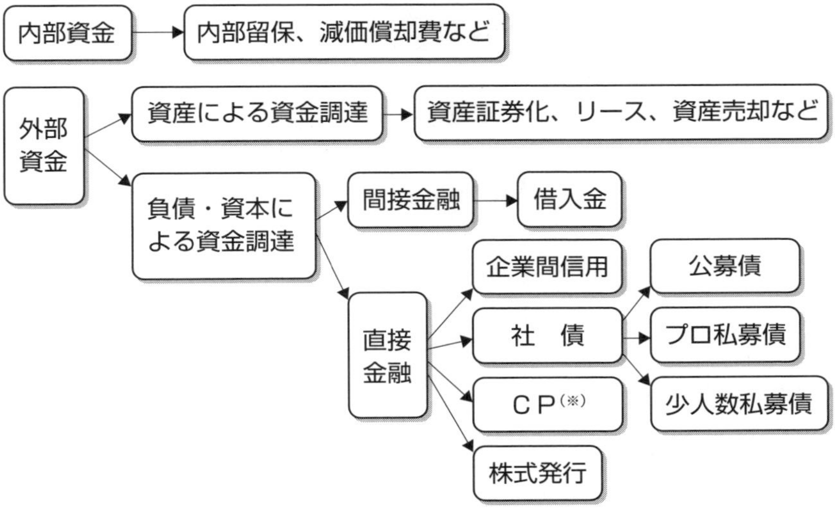

（※）CP：コマーシャルペーパー（短期の無担保約束手形）

◆株式・社債の公募と金融機関からの借入の違い

	株式・社債の公募	金融機関からの借入
実施要件	法律による制限あり	①契約自由 ②企業形態を問わず利用可能 ③担保や保証が必要
証券管理コスト	①有価証券発行コストあり ②法的手続きが必要であり、調達までに時間がかかる	左記のようなコストは不要
情報開示コスト	幅広い投資家に情報開示の義務があり、多くの経営資源を投入する必要がある	金融機関に対する情報開示のみ
組織体制	上記の理由により、人員や専門部署を必要とする	直接金融に比べて資金調達に関わる人員は少なくて済む
金利・返済方法	①市場が金利を決定 ②株式の場合は返済不要	①金融機関が金利を決定 ②約定どおりの金利と元金（元本）を返済

2 資金調達に当たっての所要資金の算定のしかた

➔企業の資金調達の目的には、大別して運転資金と設備投資資金がある

資金調達を行なう場合、まず調達金額を検討します。資金調達の目的には、大別して運転資金と設備投資資金の調達がありますが、運転資金は短期資金、設備投資資金は長期資金で調達するのが原則です。特に運転資金の必要額の算定は、季節的変動や業況に応じて行なう必要があります。

■運転資金とは

運転資金とは、仕入や製造の費用、光熱費や賃料など、日々の事業活動に必要な資金のことで、正常な営業活動の前提となります。運転資金は、売上代金の入金時までに必要な資金として、つなぎ資金の性格を有することから、内部資金で足りない場合は短期資金による調達となります。

◆運転資金の算定のしかた

①残高による計算

残高に季節的変動がある場合は、下記の残高に加減算して算定する。

＊運転資金＝売上債権残高（受取手形、売掛金等）＋棚卸資産残高（製品、商品、仕掛品、原材料等）－仕入債務残高（支払手形、買掛金等）

②回転期間による計算

＊運転資金＝月商×（売上債権回転期間＋棚卸資産回転期間－仕入債務回転期間）

（注）月商＝売上高／12、回転期間＝残高／月商

③直接的に資金収支を算定する方法

資金繰り表に月別の売上の入金額、仕入・給与・経費等の出金額を記入し、収支差額を直接的に求める。

■設備投資資金の必要額とは

設備投資に必要な資金の額は、設備等の購入価格となります。設備投資資金は、設備等の耐用年数にわたり回収していくべきものなので、原則として長期資金で調達します。なお、設備投資により運転資金が増加する場合は、運転資金面での手当てを行なう必要があります。

◇運転資金と設備投資資金の調達のしかた

	要調達額	返済期間	調達方法
運転資金	正味運転資本の金額	売上代金の入金時まで	短期借入金、当座貸越しなど
設備投資資金	設備の購入価格など	設備の耐用年数や下記の債務返済年数	長期借入金、社債、増資など

■債務の返済年数を算定するには？

営業活動によるキャッシュ・フローの金額は、企業の営業活動から、どの程度の資金が得られたかを示すものです。この金額が借入金の返済や配当金の支払いを行なう原資になりますので、この金額から債務返済（償還）の年数を算定できます。また、もしこの金額がマイナスであれば、経費節減を含めた経営改善策の検討が必要です。

①営業活動によるキャッシュ・フローの金額の算定

＊営業活動によるキャッシュ・フローの金額＝営業活動における資金収支額（※）＋利息・配当金の受取額－利息の支払額－その他の支払額－法人税等の支払額

（※）営業活動における資金収支額＝営業収入－原材料・商品の仕入支出－人件費支出－その他の営業支出

②債務返済（償還）年数の算定

＊債務返済年数＝有利子負債の残高÷営業活動によるキャッシュ・フローの金額

3 金融機関の貸出金利はどのように決まる？

➔資金調達に当たっては、さまざまな金利の状況を検討することが必要

金利は資金調達のコストですので、金利の負担額がいくらになるかは、資金調達の方法や条件の選択にとって重要です。企業側が金融機関の資金調達のための基準となる金利や貸出金利の状況を把握することにより、金融機関との交渉材料にすることも可能です。

金融機関の貸出金利とは

金融機関の貸出金利は、金融機関の調達金利に企業の信用状況などをもとに決められる利幅（マージン）を上乗せして決まります。利幅については、融資先の財務状況や金融機関のコストなど総合的な観点により決められます。企業としては、金融機関の調達金利（❶❷）や貸出金利の指標となる金利（❸❹）を確認し、ベースとなる金利水準を確認します。

＊金融機関の貸出金利＝銀行の調達金利＋利幅

❶TIBOR（タイボー、Tokyo Inter-Bank Offered Rate）
LIBOR（ライボー、London Inter-Bank Offered Rate）
1年以内の短期融資に参考となるレートです。

❷金利スワップレート

金利スワップは、同一通貨の固定金利と変動金利との交換取引であり、金利スワップレートは、1年を超える固定金利貸出の場合や金利見直し方式の貸出の場合に参考となるレートです。

❸プライムレート

プライムレートとは、銀行が優良企業に貸し出す際の最も優遇された金

利のことです。プライムレートには短期（１年未満）と長期（１年以上）がありますが、現在では短期プライムレートに期間に応じた利幅を上乗せして、長期貸出の金利を決めています。自社の適用金利がどの程度プライムレートから乖離しているかを把握し、自社の位置づけを確認します。

❹貸出約定平均金利

銀行が企業などに貸し出す際に約定する金利を平均したもので、貸出金利の実勢を判断できます。都市銀行、地方銀行、信用金庫を対象に、毎月、日本銀行および全国信用金庫協会がそれぞれ作成・公表しています。

◘金利水準を検討する流れ

TIBOR、LIBOR、スワップレートなど → プライムレート → 貸出約定平均金利 → 実際の貸出金利

◘参考となる金利（レート名の下の［　　］は、データ入手先）

TIBOR ［全国銀行協会ホームページなど］	東京市場の銀行間取引金利で、日本円TIBORとユーロ円TIBORの２種類があり、それぞれ１週間物、１～12か月物の13種類が公表されている
LIBOR ［Financial Timesなど］	ロンドン市場の銀行間取引金利で、ユーロ市場での資金調達コストの基準として使われ、特に３か月物や６か月物は短期金利の指標として使われている
金利スワップレート ［日本経済新聞など］	代表的な変動金利と交換対象になる固定金利で、市場金利の一つの基準。対TIBORとして、１、２、３、４、５、７、10年のレートが公表されている
短期プライムレート ［日本銀行ホームページなど］	ＣＤ（譲渡性預金）や銀行間の短期貸出（コール）など、市中金利に連動して決まる
長期プライムレート ［同上］	社債金利やスワップレートなど資金調達金利をもとに決められる

4 金融機関からの融資による資金調達

➡融資形態、返済期間、返済方法などにより分類できる

金融機関からの借入の長所は、社債や増資と比較して手続きが簡単でかつ迅速な調達が可能なこと、議決権が発生しないこと、利息は損金算入されることなどがあります。ただし、特定の金融機関からの融資に依存することは、金融機関からの融資態度に影響を受けることがあります。

ここでは、金融機関からの融資をさまざまな切り口で分類してみます。

◇融資形態による分類

手形貸付	企業が約束手形を振り出して行なう融資
証書貸付	借入条件を決め、所定の証書により融資
手形割引	企業の受取手形を期日前に買い取ることによる融資
当座貸越	事前に取り決めた金額まで任意に貸し越すことによる融資

◇返済（融資）期間による分類

短期融資	1年以内	期間が短いほど、運転資金用 ↕ 期間が長いほど、設備投資資金用
中期融資	1～3年	
長期融資	3年超	

◇返済方法による分類

満期一括返済	満期日に元金全額を一括して返済するもの
定時返済	一定期間ごとの償還日に、元金を少しずつ返済するもの ①元金均等返済…毎期支払う元金返済額が同額 ②元利均等返済…毎期支払う元金返済額と利払額の合計額が同額

◆金利の決め方による分類

区　分	特　徴	メリット	デメリット
固定金利融資	貸出期間中、金利が一定で変わらないもの	金利が固定しているため、金利の負担額が明確に算定できる	調達期間中、金利低下のメリットを受けられない
変動金利融資	一定期間ごとに、金利が指標金利などにより見直されるもの	経済状況の変化による金利水準に対応できる（例：不況⇒金利低下）	金利の変動により、金利の負担額が明確に算定できない

資本性借入金とは

資本性借入金とは、次の条件に当てはまる借入金のことです。

①返済期間：５年超

②金利設定：事務コスト相当の金利の設定も可能

③一定の条件のもと、必ずしも担保の解除を必要としないこと

この条件に合う借入金であれば、金融検査マニュアル上、「借入金」であっても「資本」とみなして取り扱うことができるとされています。つまり、資本不足の企業でも、資本性借入金であれば、債務超過の解消や自己資本比率の上昇などの効果があります。

資本性借入金を広く積極的に活用することで、企業が新規融資を受けやすくなるなどの効果が期待されます。

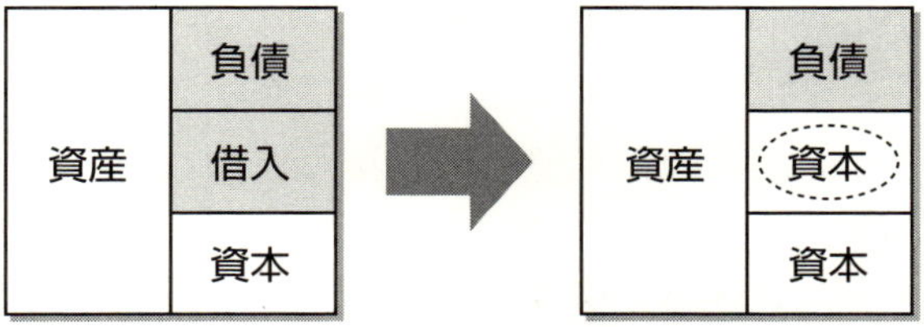

5 借入金の経理処理のしかたはどうする？

→借入金については貸借対照表の表示や返済方法の選択などに注意する

　貸借対照表上において、借入金は、返済期日が1年以内の場合は流動負債の部に**短期借入金**として、それ以外の場合は固定負債の部に**長期借入金**として表示します。なお、長期借入金のうち返済期間が1年以内のものは「**1年以内返済の長期借入金**」として表示します。

■ 借入金の経理処理の例

❶**借入**　期首に、返済期間5年、年利率5％、毎月末の元利支払い、元金均等返済による6,000,000円の借入を行ないました。

❷**資金の払込日**

　　（借）現金預金　6,000,000　　（貸）借 入 金　6,000,000

　　◇借入金は資金の払込日に計上します。

❸**最初の元利支払日**

　　（借）借 入 金　　100,000　　（貸）現金預金　　125,000
　　　　　支払利息　　 25,000

　　◇元金返済額100,000円＝6,000,000／60か月（元金均等返済）
　　◇支払利息25,000＝前月末元金残高6,000,000×5％／12か月

❹**初年度の貸借対照表への表示**

　　［流動負債］　1年以内返済の長期借入金　1,200,000
　　［固定負債］　長期借入金　　　　　　　　3,600,000

❺**役員または従業員からの借入金がある場合の表示**

　　「役員（従業員）借入金」として、返済期間に応じて流動負債の部または固定負債の部に計上します。

❻**会社資産を借入金の担保に供している場合**

　　資産内容と金額、担保にかかる債務額などを貸借対照表に注記します。

元金均等返済と元利均等返済の選択のしかた

借入金の返済方法として、おもに元金均等返済と元利均等返済があります。両者は支払利息の負担額が違い、一般的には、元金均等返済のほうが利息負担額は少なくなりますが、借入の初期に元利合計の返済額が多くなります。それぞれの特徴を踏まえて選択する必要があります。

元金均等返済と元利均等返済における返済額の違いの例

返済期間５年、年利率５％、年１回の元利支払い、5,000,000円の借入を行なったときの返済は、次のようになります。なお、支払利息の計算は利息法（複利）によります。

回数	返済額計	支払利息	元金返済	残　高	備　　考
元金均等返済					
1	1,250,000	250,000	1,000,000	4,000,000	・元金の返済額は毎回同じ ・元利合計の返済額は期間経過に従い減少していく
2	1,200,000	200,000	1,000,000	3,000,000	
3	1,150,000	150,000	1,000,000	2,000,000	
4	1,100,000	100,000	1,000,000	1,000,000	
5	1,050,000	50,000	1,000,000	0	
合計	5,750,000	750,000	5,000,000		
元利均等返済					
1	1,154,874	250,000	904,874	4,095,126	・元利合計の返済額は毎回同じ ・元金の返済額が期間経過に従い多くなる
2	1,154,874	204,756	950,118	3,145,008	
3	1,154,874	157,250	997,624	2,147,384	
4	1,154,874	107,369	1,047,505	1,099,879	
5	1,154,874	54,995	1,099,879	0	
合計	5,774,370	774,370	5,000,000		

（注）元利均等返済の返済額はエクセルの関数を利用して、支払利息＝－IPMT（年利率５％,回数,返済期間５年,借入額5000000,将来価値０）と、元金返済額＝－PPMT（５％,回数,５年,5000000,0）で計算できます。

6 売掛債権を活用した資金調達の方法とは

➡売掛債権の早期現金化により、おもに運転資金を調達する方法

売掛金や受取手形などの売掛債権は、支払期限までに現金化されませんが、売掛債権を譲渡することで早期に現金化され、運転資金の調達を行なうことができます。売掛債権の活用による資金調達には、ファクタリング、流動化（証券化）、売掛債権担保融資などの方法があります。

ファクタリングとは

ファクタリングとは、企業の保有する売掛債権をファクタリング会社に譲渡して現金化し、回収はファクタリング会社が行なうことです。

メリット	早期現金化ができる、手形の紛失リスクを低減できる、売掛債権の回収コストを節約できる、など
デメリット	手数料の支払いを要する、債務者の同意を要する、など

売掛債権の流動化（証券化）

売掛債権の流動化とは、債権者が売掛債権を特別目的会社（ＳＰＣ）に譲渡することで代金を得、ＳＰＣは売掛債権を回収して利益を得る方法です。このとき、ＳＰＣが売掛債権等を小口に分けて証券として投資家に販売すると、証券化となります。

メリット	早期現金化ができる、財務指標の改善を図れる、など
デメリット	手数料の支払いを要する、債務者の同意を要する、など

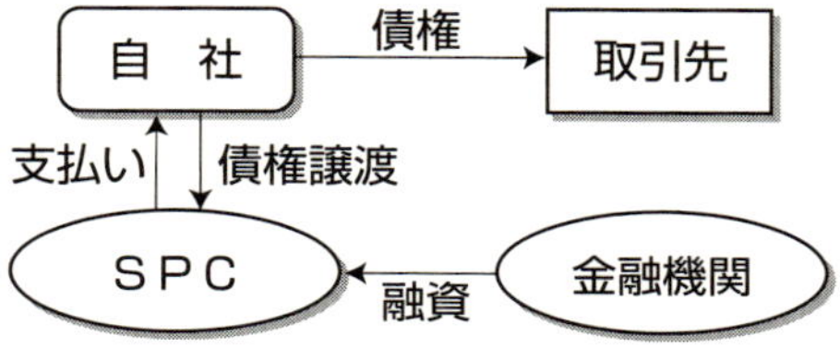

＊ＳＰＣとは、資産の流動化や証券化のために設立された法人で、資産を裏づけに証券等を発行して資金を調達する

売掛債権担保融資とは

売掛債権担保融資とは、売掛債権を金融機関等に担保として譲渡し、金融機関から融資を受けることをいいます。

メリット	担保となる資産や保証人による保証がなくても融資が可能、早期現金化が可能、借入金は売掛債権の回収により返済
デメリット	担保保全の手続きが必要、譲渡禁止特約付きの売掛債権は特約の解除が必要、担保回収遅延の売掛債権は対象外

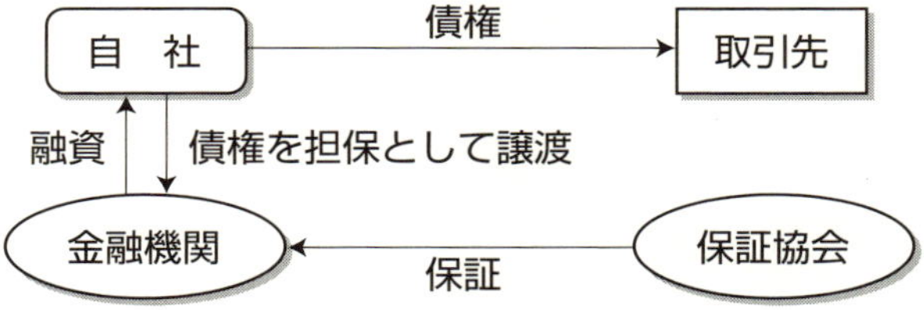

◇売掛金の担保保全の手続き

①売掛債権を担保として譲渡したことについて取引先の承諾を得る
②売掛債権を担保として譲渡したことについて取引先に通知を行なう
③売掛債権を担保として譲渡したことについて債権譲渡登記制度による登記を行なう

売掛債権の活用による資金調達の経理処理の例

●ファクタリング・流動化の場合　売掛金800,000円を700,000円でファクタリング会社（またはＳＰＣ）に譲渡した。

（借）現　金　預　金　700,000　　（貸）売　　掛　　金　800,000
　　売掛債権譲渡損　100,000

◇売掛債権譲渡損には手数料なども含まれています。

●売掛債権担保融資の場合　売掛金を担保に、銀行から800,000円の融資を受けた。

（借）現　金　預　金　800,000　　（貸）借　　入　　金　800,000
（注記）売掛金：借入金の担保として800,000円を供している。

7 新しい資金調達手法にはどのようなものがあるか

➔クレジットスコアリング融資、動産担保融資などが開発されている

従来の資金調達では、不動産担保や経営者などの個人保証が要求されていましたが、このような担保主義を脱却した融資制度、不動産担保に代わる新しい担保制度としての動産担保融資や、市場からの資金調達と間接金融を組み合わせた融資制度など、さまざまな手法が開発されています。

クレジットスコアリング融資（クイックローン）とは

従来の中小企業向け融資のように、不動産担保や第三者保証に過度に依存することなく、リスクに見合った水準の金利を支払う無担保無保証融資があります。これを**クレジットスコアリング融資（クイックローン）**といいます。この融資制度の特徴は次のとおりです。

①母集団となるデータから統計的に算出した倒産確率などによって融資審査を行なう

②貸出案件ごとにリスクを管理するのではなく、大数の法則に基づいて、貸出債権のリスクをポートフォリオ全体で管理する

③短期間で融資審査を行なう

④貸出額に限度制限がある

⑤審査の多くの部分が自動化されるため、審査コストの削減を図ることができる

動産譲渡登記制度等を利用した動産担保融資とは

売掛債権のほかにも、企業の保有する商品等を担保とすることによる融資制度があります。これを**動産担保融資**といいます。動産担保融資では、商品等を担保として譲渡したことを登記する制度により、商品等を担保とすることが可能となっています。

◇動産譲渡登記制度の特徴

①譲渡人は法人のみであること
②登記の対象として、個別の動産も、原材料や在庫のような集合動産も登記可能であること
③登記の効力として、民法上の引渡しがあったものとみなされ、第三者に対抗可能（第三者の取得を防止できること）であること
④登記事項の開示として、概要のみであれば、だれに対しても開示されること（ただし詳細情報には制限あり）

■ＣＬＯ融資制度とは

ＣＬＯ（Collateralized Loan Obligation）とはローン担保証券のことで、ＣＬＯ融資とは、金融機関が融資債権を証券化し、その証券を投資家に販売することで市場から資金調達し、その資金を企業に融資することです。市場型間接金融といわれ、東京都などの自治体でも行なわれています。この制度では、金融機関のリスク低減により、借り手側が、金融機関からの借入による資金調達を円滑化することが可能となっています。

■その他の融資手法にはどのようなものがあるか

❶シンジケートローン

複数の金融機関が同一の融資契約のもと、同一条件で融資を行なうことです。借り手にとっては、融資窓口の拡大、複数の金融機関との取引条件均一化、資金調達力のアピール効果などがあります。

❷コミットメントライン

あらかじめ融資枠を設定しておき、その範囲内であれば融資を受けられるものです。資金調達を安定化するものですが、条件が厳しいこと、手数料を要することなどに注意が必要です。

8 社債の発行による資金調達のしかた

➔社債は株式会社のみならず、すべての会社において発行可能

社債は会社が資金調達の目的により発行する債券で、普通社債、転換社債型新株予約権付社債、新株予約権付社債（28ページ参照）などがあり、募集の方法として公募による方法と私募による方法があります。社債の発行には、取締役会の決議または取締役の過半数による決定が必要です。

資金調達手段としての社債のメリット・デメリットは

社債のメリットとしては、次の３点があります。

①返済方法は満期一括償還が多く、分割返済が多い銀行借入に比べ、期間中の資金繰りに余裕が生まれること

②株式に対する株主と違い、債権者には議決権がないこと

③社債は負債であるため、支払利息は損金算入されること

デメリットとして、多くの場合、社債の発行は一定以上の信用力をもった企業に限定されることと、法的な発行手続きをとる必要があるため、迅速性に欠けることが挙げられます。

社債の分類のしかた

社債は次のような点から分類することができます。

①社債の募集方法…**公募債**と**私募債**とがあり、公募債は広く一般に投資を募る社債で、私募債は特定少数の投資家に勧誘を行なう社債です。

②担保の有無…従来、**無担保社債**の発行には厳しい制限がありましたが、近年の規制緩和により、法的な制限はなくなりました。

③利息の有無…社債権者に対して定期的に利息が支払われる社債を**利付債**といい、現在発行されている多くの社債は利付債です。利息の付いていない**割引債**もあり、発行価格を額面価格よりも低く発行し、発行価格と

額面価格との差が利息の代わりとなります。

④金利変動の有無…**固定利付債**は、満期まで金利が固定されている社債で、**変動利付債**は、3か月または6か月ごとに金利が見直される社債です。

中小企業でも発行できる少人数私募債とは

少人数私募債は、資格要件がなく、どのような企業でも発行できます。その一方で縁故者から資金を募るため、**銀行引受私募債**に比べ、調達できる資金には限界があります。

したがって、少人数私募債は、金融機関の資格要件を充足できるほど財務体質が良好ではない企業や銀行借入が困難な企業が、銀行以外の資金調達手段を活用することで資金調達の多様化を図る際に有効な社債です。

◆社債の種類

	公募債	私募債	
		少人数私募債	プロ私募債
販売する投資家	50名以上（機関投資家のみを除く）	50名未満	機関投資家のみ
発行する金額	制限なし		
発行前の届出	①発行価額1億円以上の場合は有価証券届出書の提出 ②発行価額1億円未満1000万円超の場合は有価証券通知書の提出	有価証券届出書の提出は不要	
決算等の開示	有価証券報告書の提出	有価証券報告書の提出は不要	
その他の規制等	格付けの取得が必要な場合あり	—	

9 社債の会計処理はどのように行なうのか

➔額面金額と発行価額との差額の処理などに注意する

社債は発行形態により、額面金額と発行価額が同一である**平価発行**、額面金額が発行価額より低い**打歩**(うちぶ)**発行**、額面金額が発行価額を上回る**割引発行**があり、発行価額は社債の約定利子率と市場利子率との関係で決まります。一般的に、普通社債は割引発行、新株予約権付社債は平価発行です。

社債の計上金額とは

会社法では社債の金額を払込金額で計上するので、従来、額面金額により計上していた場合の**社債発行差金**(さきん)は計上不要となります。会計上、その差額は償還期間内に定額償却などで社債利息として計上します。税務上も金銭債務の償還差損益として、損金または益金に計上します。

社債発行費の処理のしかた

社債発行費とは、社債募集のための広告費、金融機関の取扱手数料、証券会社の取扱手数料、社債申込証・目論見書・社債券等の印刷費、社債の登記の登録税など、社債発行のため直接支出した費用をいいます。

社債発行費は、原則として支出時に営業外費用として処理し、繰延資産として計上する場合は、社債の償還期間にわたり利息法により償却します。ただし、継続適用を条件として**定額法**（社債発行費÷償還期間）により償却することもできます。税務処理は随時償却となり、会計処理とおおむね同様となっています。

社債の償還のしかた

社債の償還は債務の返済として行なわれますが、その償還方法には次のものがあります。

①満期償還…満期日に一括償還するもの。通常は満期償還となります。
②随時償還…会社の返済能力や市場の金利状況などを勘案して適当な時期に償還するもの。この場合、市場価額で買い入れて償還します。
③定時償還…一定期間後に定期的に償還するもの。この場合、償還する社債を抽選で決め、額面金額で償還する方法がとられます。

■社債の会計処理の例

❶社債の発行　4月1日に、額面総額5,000,000円の社債を、発行価額1口100円につき98円、年利率4％（利払日は9月末と3月末の年2回）、期間5年で発行し、同日に払込みを受けました。決算日は3月末です。

（借）	現金預金	4,900,000	（貸）	社債	4,900,000

◇貸借対照表（B/S）では、社債は固定負債の部に計上します。

❷第1回目の社債利息の支払い

（借）	社債利息	100,000	（貸）	現金預金	100,000

◇社債利息100,000＝5,000,000×4％×（6／12）

❸決算日

（借）	社債利息	100,000	（貸）	現金預金	100,000
	社債利息	20,000		社債	20,000

◇発行価額との差額100,000の償却額20,000＝100,000×（1／5）

❹満期日（一括償還の場合）

（借）	社債利息	100,000	（貸）	現金預金	100,000
	社債利息	20,000		社債	20,000
	社債	5,000,000		現金預金	5,000,000

❺買入償還の場合　3年目の6月末に4,970,000（端数利息を含む）で買入償還しました。

（借）	社債	4,945,000	（貸）	現金預金	4,970,000
	社債利息	49,863		社債償還損	24,863

◇社債4,945,000＝4,940,000＋20,000×（3か月／12か月）

◇社債利息49,863＝5,000,000×4％×（91日／365日）

10 新株予約権付社債の会計処理はどうする？

➡新株予約権付社債は償還資金の負担が少ないなどのメリットがある

■新株予約権付社債とは

新株予約権付社債とは、新株予約権の付された社債をいい、原則として、新株予約権または社債の一方だけを譲渡できないものです。なお、新株予約権とは、会社が新株予約権者に対し、新株の発行や自己株式を移転する義務を負うものです。つまり、資金調達だけでなく、資本取引の側面も強いことになります。

新株予約権付社債の保有者が新株予約権の権利を行使した際は、現金を払い込む場合と、社債部分を払込みに充当（**代用払込み**）する場合があります。

発行企業の株式の魅力が高ければ、新株予約権付社債は低金利での発行が可能であり、償還資金を株式などで代用できるといったメリットがあります。ただし、新株予約権の権利行使が進まない場合には、予定した資金調達ができないなどのデメリットがあります。

■転換社債型新株予約権付社債とは

転換社債型新株予約権付社債とは、一定の価格で発行企業の株式に転換できる権利の付いた社債です。発行企業にとっては、株価が上昇すれば、償還資金の負担がなくなり、利子負担だけで済む可能性があります。

■新株予約権付社債の会計処理の特徴とは

新株予約権付社債は、払込資本を増加させる可能性のある部分を含む複合金融商品として、新株予約権（純資産の部）と社債を区分して会計処理します。ただし、転換社債型は、新株予約権と社債とが単独では存在できないため、新株予約権と社債を一括処理することもできます。

新株予約権付社債の会計処理

❶新株予約権付社債の発行　3月決算会社で、期首に額面総額100,000千円の新株予約権付社債を次の条件で平価発行しました。

・社債の発行総額95,000千円、新株予約権の発行総額5,000千円

・償還期限は5年、代用払込みは不可、行使価額は1株当たり50千円

（借）	現金預金	100,000	（貸）	社債	95,000
				新株予約権	5,000

◇社債を払込額にて計上します。

◇貸借対照表では、社債は固定負債の部に計上します。

❷初年度の決算時　額面金額との差額5,000を5年で定額償却しました。

（借）	社債利息	1,000	（貸）	社債	1,000

❸権利行使時　翌期首に、新株予約権のうち70％の権利行使があり、新株1,400株を発行し（※）、2分の1の金額を資本金としました。

（借）	現金預金	70,000	（貸）	資本金	36,750
	新株予約権	3,500		資本準備金	36,750

◇現金預金の額70,000＝1,400株×@50

◇新株予約権の行使額3,500＝5,000×70％

（※）自己株式で代用する場合、自己株式の簿価を貸記し、差額を自己株式処分差損益として計上します（ただし要申告調整）。

❹権利行使期間の満了　新株予約権のうち30％が行使されませんでした。

（借）	新株予約権	1,500	（貸）	新株予約権戻入益	1,500

◇損益計算書（P/L）では、新株予約権戻入益は特別利益に計上します。

転換社債型新株予約権付社債の会計処理の例

上記と同じ条件の転換社債型新株予約権付社債は、上記と同じように会計処理を行ないますが、権利行使時の会計処理は次のようになります。

（借）	社債	67,200	（貸）	資本金	35,350
	新株予約権	3,500		資本準備金	35,350

◇社債の額67,200＝(95,000＋償却額1,000)×70％

2章

生命保険・
損害保険などの経理処理

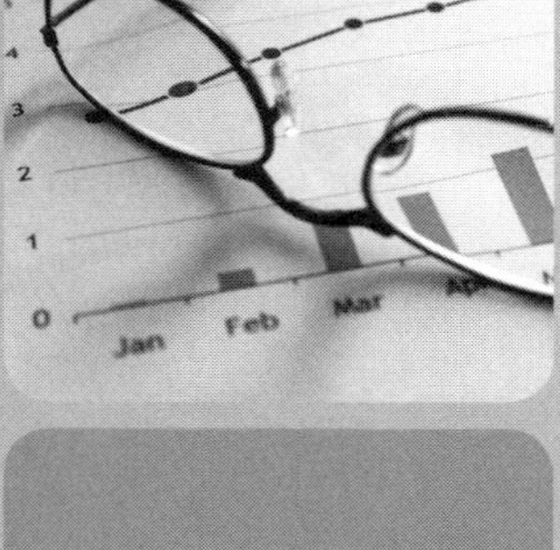

「役員退職金の原資とするため」「事業承継のため」など、さまざまな目的のため、企業は各種の保険に加入することがあります。その際、支払保険料、受取保険金などを総合的に勘案しなければなりません。保険料の経理処理は、会計基準に詳細な規定がないため、税務処理によることになります。この章では、保険契約の経理処理から圧縮記帳までを解説します。

1 役員または使用人を被保険者とする生命保険料の取扱い

➔生命保険料は、保険金等の受取人などに応じて経理処理が異なる

法人が契約者となり、役員や使用人（親族を含む）を被保険者とする生命保険に加入することがあります。

◇生命保険の種類

項　目	養老保険	定期保険	終身保険
保障期間	一定期間		一生涯
受取保険金	満期・死亡保険金	死亡保険金のみ	
解約返戻金	高水準	満期時にゼロ	中水準
保険料の水準	割高	割安	中程度
経理処理の特徴	養老保険は、主契約保険料に貯蓄部分が含まれることから、右表のように資産に計上する場合があるのに対し、定期保険は掛け捨てのため損金に計上します。		

■定期付養老保険の取扱いは

定期付養老保険とは、貯蓄性の高い「**養老保険**」に、死亡保障をおもな目的とした「**定期保険**」を付けたものをいいます。その主契約保険料の額は、次の区分に応じて取り扱われます。

①保険証券などにおいて、保険料の額が養老保険の額と定期保険の額とに区分されている場合…それぞれの保険に区分して処理します。

②上記①以外の場合…養老保険として処理します。

■傷害特約等の保険料の取扱い

養老保険、定期保険、定期付養老保険の保険料のうち、傷害等の場合に保険金が支払われる特約の保険料は、損金に算入します。ただし、役員・特定の使用人を給付金等の受取人とする場合は、その者の給与とします。

◆生命保険料（主契約部分）の税務処理

区分	受取人		税務処理のしかた（支払保険料の額が年間120千円の場合）
	死亡保険金	生存保険金	
養老保険	法人		（借）積立保険料 120　（貸）現金預金 120 ◇貸借対照表に資産計上。
	被保険者またはその遺族		（借）給与 120　（貸）現金預金 120 ◇全額給与。
	被保険者の遺族	法人	（借）積立保険料 60　（貸）現金預金 120 福利厚生費 60 ◇１／２…資産、１／２…損金。 **◎役員・特定の使用人のみが被保険者の場合** （借）積立保険料 60　（貸）現金預金 120 給与 60
定期保険	法人		（借）支払保険料 120　（貸）現金預金 120
	被保険者の遺族		（借）福利厚生費 120　（貸）現金預金 120 **◎役員・特定の使用人のみが被保険者の場合** （借）給与 120　（貸）現金預金 120

役員給与となる場合の税務処理とは

支払保険料が役員の給与となる場合、保険料は**定期同額給与**となるので、過大役員給与となる場合を除き、損金として処理することができます。また、保険金収入で役員退職金を支払った場合、不相当に高額になる場合は、役員退職金の過大部分が損金不算入となることに注意が必要です。

受取保険金の取扱いは

受取保険金等は、その通知日（確定日）に収益として益金計上します。

[積立保険料なし]	（借）未収入金	10,000,000	（貸）雑収入	10,000,000
[積立保険料あり]	（借）未収入金	10,000,000	（貸）雑収入	2,000,000
			積立保険料	8,000,000

2 契約変更などの場合の取扱いはどうする？

→保険契約を変更した場合は、すでに資産計上した金額の処理が必要

保険契約の契約転換制度により、加入している養老保険または定期付養老保険を、ほかの養老保険、定期保険、定期付養老保険に転換できます。

保険契約を変更した場合の取扱い

養老保険・定期付養老保険を、ほかの養老保険・定期保険・定期付養老保険に転換した場合には、次のように処理します。

資産計上額

→ 資産計上額のうち、転換後契約の責任準備金（保険会社が将来の保険金支払いのために積み立てるお金）への充当額を超える金額は、転換時の損金とする

転換後契約の責任準備金 → 資産計上額のうち、転換後契約の責任準備金への充当額は、転換日に保険料の一時払いをしたものとして、転換後の保険契約の種類に合わせて33ページの表の処理を行なう

保険契約の保険料払込みを中止したい場合は

経済的な理由や保険契約の見直しにより、保険契約を解約したいが、すでに払い込んだ保険料が無駄になってしまう場合や、解約返戻金が少ない場合には、払済保険に変更することがあります。

払済保険への変更とは、加入中の保険契約の保険料の払込みを中止して、その時点までの解約返戻金をもとに、保障期間はそのままで、一般的には保障額のより少ない保険契約に変更することです。払済保険に変更した場合には、次のように処理します。

(1) 変更時の解約返戻金相当額と、その保険契約で資産に計上している保険料の額との差額を、その変更日の益金または損金に計上します。ただし、すでに加入している生命保険の保険料の全額（傷害特約等にかかる保険料の額を除く）が、役員等に対する給与となる場合を除きます。

(2) 解約返戻金相当額は、その払済保険の変更時に、その変更後の保険と同一内容の保険に加入して保険期間の全部の保険料を一時払いしたものとして、養老保険・定期保険・定期付養老保険の処理を行ないます。

(3) 養老保険、終身保険、年金保険（定期保険特約が付加されていないものに限る）から同種類の払済保険に変更した場合に、上記の処理を行なわず、すでに資産に計上している額を、保険事故の発生または解約失効などにより契約が終了するまで計上することも認められます。

■払済保険から元の保険契約に復旧した場合の取扱いとは

一定期間内なら、払済保険から元の保険契約に復旧することができますが、その場合、払済保険への変更はなかったものとして処理します。具体的には、払済保険の変更時に益金または損金に算入した金額を、復旧した日の損金または益金に計上し、また、払済保険に変更した後に損金の額に算入した金額は、復旧した日の属する事業年度の益金の額に算入します。

■払済保険への変更時の税務処理の例

❶変更時に、解約返戻金50,000＞資産計上額45,000となる場合

（借）積立保険料	50,000	（貸）積立保険料	45,000
		雑　収　入	5,000

❷変更時に、解約返戻金40,000＜資産計上額45,000となる場合

（借）積立保険料	40,000	（貸）積立保険料	45,000
雑　損　失	5,000		

❸元の保険契約に復旧した場合

❶の場合	（借）雑　損　失	5,000	（貸）積立保険料	5,000
❷の場合	（借）積立保険料	5,000	（借）雑　収　入	5,000

3 長期平準定期保険・逓増定期保険の取扱いは？

➡長期平準定期保険等の保険料は、保険期間に応じて処理が異なる

長期平準定期保険・逓増（ていぞう）定期保険は、一般の定期保険と異なり、一定の経過期間により解約返戻金が多額となる特徴があります。そのため、解約返戻金を原資として退職金などに充当することが可能ですが、支払保険料には前払保険料が含まれることから、損金算入が制限されています。

長期平準定期保険・逓増定期保険とは

(1)　**長期平準定期保険**とは、その保険期間満了のときにおける被保険者の年齢が70歳を超え、かつ、「保険加入時における被保険者の年齢（保険契約証書の契約年齢）＋保険期間×２＞105」となるものをいい、(2)に該当するものを除きます。

(2)　**逓増定期保険**とは、保険期間の経過により保険金額が５倍までの範囲で増加する定期保険のうち、その保険期間満了時における被保険者の年齢（契約年齢に保険期間の年数を加算した年齢）が45歳を超えるものをいいます。

長期平準定期保険等の支払保険料の税務処理のしかた

長期平準定期保険や逓増定期保険の支払保険料（役員または使用人に対する給与となる場合を除く）は、保険期間の開始から、その保険期間の60％に相当する期間（１年未満の端数切捨て）までを前払期間とし、一定の金額を前払費用として資産計上し、残額を損金とします。資産計上額は次の表のようになります。

なお、養老保険等に付けた長期平準定期保険等特約の保険料が、主契約の養老保険等の保険料と区分されている場合、その特約にかかる保険料も同じように取り扱います。

◘前払期間（保険期間の60%）における資産計上額

<table>
<tr><th colspan="2">保　険　区　分</th><th>資産計上額</th></tr>
<tr><td colspan="2">長期平準定期保険</td><td rowspan="2">支払保険料の２分の１</td></tr>
<tr><td rowspan="3">逓増定期保険</td><td>保険期間満了のときにおける被保険者の年齢が45歳を超えるもの（下記に該当するものを除く）</td></tr>
<tr><td>保険期間満了のときにおける被保険者の年齢が70歳を超え、かつ、保険加入時における被保険者の年齢に保険期間の２倍に相当する数を加えた数が95を超えるもの（下記に該当するものを除く）</td><td>支払保険料の３分の２</td></tr>
<tr><td>保険期間満了のときにおける被保険者の年齢が80歳を超え、かつ、保険加入時における被保険者の年齢に保険期間の２倍に相当する数を加えた数が120を超えるもの</td><td>支払保険料の４分の３</td></tr>
</table>

保険期間のうち、前払期間を経過した後の期間では、各年の支払保険料を損金に計上するとともに、資産計上した前払費用の累積額を、その期間の経過に応じ、取り崩して損金の額に算入します。

なお、保険期間の全部またはその数年分の保険料をまとめて支払った場合は、いったんその保険料の全部を前払費用として資産計上したうえで、前払期間および前払期間経過後の処理を上記のように行ないます。

長期平準定期保険の税務処理の例

❶契約　保険期間30年、年間保険料120千円の長期平準定期保険を契約しました。保険金受取人は法人です。

❷加入時からの前払期間18年間（30年×60%）の処理

（借）長期前払費用　60,000　（貸）現金預金　120,000
　　　支払保険料　60,000　⇒損金計上.

❸前払期間を経過した後の期間（12年間）の処理

（借）支払保険料　120,000　（貸）現金預金　120,000
　　　支払保険料　90,000　　　長期前払費用　90,000

◎前払費用の取崩額90,000＝累積額（60,000×18年）÷12年

4 終身保障タイプの医療保険・がん保険の取扱いは？

➡終身保障タイプの医療保険等の保険料は払込方法に応じて処理する

法人契約で役員等を被保険者とする、終身保障タイプの医療保険・がん保険では、病気や入院、がんによる死亡に際して保険金が支払われます。また、満期保険金の支払いはありませんが、保険契約の解約などにより、保険料の払込期間に応じた払戻金が支払われます。

◘医療保険の支払保険料の税務処理の例

区　分	税務処理のしかた （年間保険料120千円、加入時年齢30歳、保険金受取人は法人）
払込期間が終身の場合	（借）支払保険料　120　　（貸）現 金 預 金　120 ◎払込みのつど損金とする。
払込期間が有期の場合	①損金算入額＝払込保険料×保険料払込年数÷（105－加入時年齢） ②資産計上額＝支払保険料の額－損金算入額 （借）支払保険料　48　　（貸）現 金 預 金　120 　　　積立保険料　72 ◎払込期間30年とすれば損金額48＝120千円×30年÷75
保険料の払込期間が満了した場合	積立保険料の累積額のうち、次の金額（年額）を取り崩して損金処理する。 ＊各年の取崩額＝累積積立保険料÷（105－払込満了時年齢） ◎払込満了時が年の中途の場合は月数按分。 （借）支払保険料　48　　（貸）積立保険料　48 ◎損金額48＝累積額72×30年÷（105－60）

被保険者・保険金受取人が全社員の場合、上記の支払保険料を福利厚生費とし、役員・特定の使用人（遺族を含む）のみである場合は給与とします。

（注）平24.4.27前契約のがん保険の支払保険料は上記の処理によります。

◘がん保険の支払保険料の税務処理（平24.4.27以後の契約より）

	前払期間（[105歳－加入時年齢]を保険期間とし、その保険期間の50%。１年未満の端数切捨て）	前払期間を経過した後の期間
払込期間が終身の場合	①支払保険料の50%…前払費用 ②支払保険料の50%…損金	①各年の支払保険料…損金 ②前払費用の累積額の取崩額…損金 ＊各年の取崩額＝前払費用の累計額÷(105－前払期間経過年齢(※)) （※）被保険者の加入時年齢に前払期間の年数を加算した年齢
払込期間が有期の場合	(1)　**保険料払込期間** 支払保険料を前払費用と損金に分けて計上する。 ①前払費用：(当期分保険料×1／2)＋(支払保険料－当期分保険料) ②損金：支払保険料－前払費用 ＊当期分保険料＝支払保険料×(保険料払込期間／保険期間) (2)　**保険料払込期間の終了後の期間** 前払費用の累積額の取崩額(当期分保険料×１／２)…損金	(1)　**保険料払込期間** 支払保険料を前払費用と損金とに分けて計上するとともに、取崩損金算入額を前払費用から取り崩して損金とする。 ①前払費用：(支払保険料－当期分保険料) ②損金：(支払保険料－前払費用)＋取崩損金算入額（※） （※）（当期分保険料×1／2×前払期間）÷(105－前払期間経過年齢) (2)　**保険料払込期間の終了後の期間** 前払費用の累積額の取崩額(当期分保険料＋取崩損金算入額)…損金

■がん保険の税務処理の留意事項は

(1)　役員・特定の使用人のみが被保険者・保険金受取人の場合は給与とします。

(2)　解約等での払戻金のない契約（有期払込みで払込期間終了後の少額の払戻金を含む）は、上記にかかわらず支払保険料の全額を損金とします。

5 法人契約の個人年金保険と長期傷害保険の取扱いは？

➡個人年金保険の保険料は保険金等の受取人に応じて処理する

個人年金保険は、年金支払開始日に被保険者が生存している場合は、一定期間、年金が支払われ、同日前に死亡した場合は、死亡給付金が支払われる生命保険です。また、**長期傷害保険**は終身保障タイプで、がん保険と同じようなしくみとなっています。

◘個人年金保険の保険料の税務処理の例

<table>
<tr><th colspan="2">受　取　人</th><th rowspan="2">税務処理のしかた
（支払保険料の額が年間100千円の場合）</th></tr>
<tr><th>死亡給付金</th><th>年　　金</th></tr>
<tr><td colspan="2">法　　人</td><td>（借）積立保険料　100　（貸）現 金 預 金　100
◇被保険者の死亡または年金支払開始日が到来するまで、資産計上。</td></tr>
<tr><td colspan="2">被保険者またはその遺族</td><td>（借）給　　　与　100　（貸）現 金 預 金　100</td></tr>
<tr><td>被保険者の遺族</td><td>法　　人</td><td>（借）積立保険料　90　（貸）現 金 預 金　100
　　　福利厚生費　10
◇90%…資産計上、10%…損金。
◎役員・特定の使用人のみが被保険者の場合
（借）積立保険料　90　（貸）現 金 預 金　100
　　　給　　　与　10</td></tr>
</table>

■個人年金保険の保険契約者の地位を変更した場合は

年金支払開始日前において、被保険者である役員または使用人の退職などにともない、個人年金保険の保険契約者や年金受取人の地位を、その役員または使用人に変更した場合、保険契約の解約による解約返戻金の額は、その役員等に対する退職給与または賞与として取り扱われます。

◆長期傷害保険の支払保険料の税務処理

	前払期間（[105歳－加入時年齢]を保険期間とし、その保険期間の70%。１年未満の端数切捨て）	前払期間を経過した後の期間
払込期間が終身	支払保険料の3／4…前払費用 支払保険料の1／4…損金	①各年の支払保険料を損金に計上する。 ②前払費用の累積額のうち、次の金額（年額）を取り崩して損金とする。 ＊各年の取崩額＝資産計上額の累計額÷（105－前払期間経過年齢（※）） （※）前払期間が経過したときの被保険者の年齢
払込期間が有期	①支払保険料のうち、次の金額を当期分保険料とし、上記の前払期間と前払期間後の処理をする。 ＊当期分保険料＝支払保険料×{保険料払込期間÷（105－加入時年齢）} ②支払保険料から当期分保険料を差し引いた金額は前払費用とし、払込期間終了後は毎年当期分保険料と同額を取り崩し、当期分保険料を支払保険料として前払期間と前払期間後の処理をする。	

役員・特定の使用人のみを被保険者とし、災害死亡保険金受取人を被保険者の遺族としている場合は給与とします。

■長期傷害保険（終身払込み）の税務処理の例

❶契約　保険期間終身、年間保険料120千円、加入時年齢40歳で契約。

❷前払期間の処理　前払期間45年＝(105歳－加入時年齢40歳)×70%

（借）長期前払費用　90　　（貸）現金預金　120
　　　支払保険料　30

◇長期前払費用90＝12×3／4

❸前払期間経過後の処理

（借）支払保険料　120　　（貸）現金預金　120

（借）支払保険料　202.5　（貸）長期前払費用　202.5

◇202.5＝(90×45年)÷(105－85)

6 介護保険（民間・任意）と会社役員賠償責任保険の取扱いは？

➡介護保険は解約返戻金が多額のため支払保険料の損金算入が制限される

被保険者が寝たきりになるなど介護が必要になったときに、保険金が被保険者に支払われる民間の介護保険があります。この保険に法人が契約者となり、役員・使用人を被保険者として加入することができます。また、この保険では60歳頃までに中途解約した場合、相当多額の解約返戻金が生じますが、支払保険料は毎年平準化されているのが特徴です。

◇介護保険料の税務処理のしかた

支払保険料の区分	税務処理のしかた［単位：千円］ （支払保険料の額が年間120千円の場合）
被保険者が60歳に達するまでの支払い分	（借）長期前払費用　60　（貸）現金預金　120 　　　福利厚生費　60 ◇1／2…前払費用、1／2…損金。
被保険者が60歳に達した以後の支払い分	支払保険料と、60歳以後の15年で前払費用累積額を取り崩して損金算入する。 （借）福利厚生費　120　（貸）現金預金　120 　　　福利厚生費　80　　　　長期前払費用　80 ◇前払費用の累積額を120万円と仮定した場合、取崩額は80＝1200÷15となる。

（注１）役員・特定の使用人のみを被保険者とし、保険金受取人を被保険者としている場合は給与とする。

（注２）保険料を一時払いする場合、保険料払込期間を加入時から75歳に達するまでと仮定し、上記の区分により処理する。

（注３）保険事故が生じた場合、資産計上額を一時の損金の額とすることができる。

（注４）被保険者の退職に際し、保険契約者の地位を退職金として供与した場合は、解約返戻金相当額が退職給与として取り扱われる。

会社役員賠償責任保険の保険料の取扱い

会社役員賠償責任保険とは、取締役・執行役・監査役などの会社役員がその職務を行なったことに対して、株主や第三者から損害賠償請求を受けた場合に、損害賠償金や争訟（そうしょう）費用などの損害をてん補する保険です。この場合、法人が契約者となり、役員を被保険者とします。

会社役員賠償責任保険は、役員個人の損害をてん補するものなので、会社負担とした保険料を、税務上の損金にできるかという問題があります。そこで、この保険契約では、保険料を基本契約分と特約分（株主代表訴訟で役員が損害賠償責任を負う場合の担保）とに区分して税務処理します。

❶基本契約（普通保険約款部分）の保険料

次に挙げる会社負担の保険料は、役員に対する経済的利益の供与はないものとして、会社の経費（支払保険料）とすることができます。

①第三者から役員に対し損害賠償請求がなされ、役員が損害賠償責任を負担する場合の危険を担保する部分の保険料

②役員が勝訴し、損害賠償責任が生じない場合の争訟費用を担保する部分の保険料

ただし、これらの保険料の会社負担分を経費とするには、役員の行為等が会社の業務遂行に関連し、かつ適正に執行され、故意または重過失に基づかないものであることが必要です。

❷株主代表訴訟担保特約の保険料（特約保険料）

株主代表訴訟は、役員個人に対する訴訟であることから、この保険料を会社が負担した場合は、役員に対して経済的利益の供与があったものとして給与に計上します。

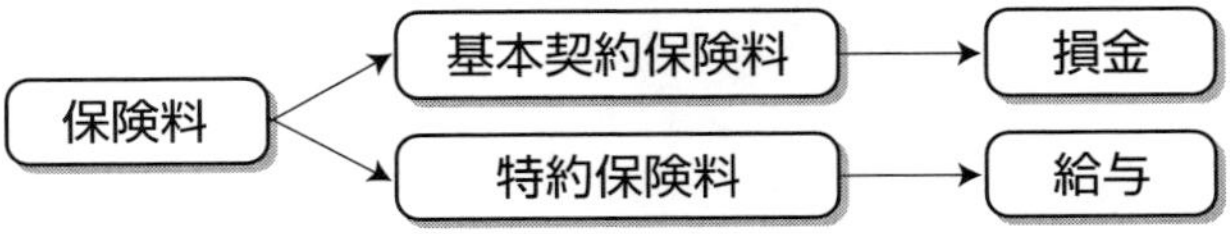

7 損害保険および長期損害保険の保険料の取扱いはどうする?

➡長期損害保険の保険料は積立保険料とその他の保険料に区分する

長期の損害保険契約とは、保険期間が３年以上で、かつ、その保険期間満了後に満期返戻金を支払う旨の定めのある損害保険契約をいい、これに類する共済なども含みます。その保険料は、保険料払込案内書、保険証券添付書類などにより積立保険料とその他の保険料に区分します。

長期損害保険以外の損害保険の税務処理のしかた

まず長期損害保険以外の損害保険については、その支払保険料が掛捨てであることから、保険料を支払時の損金とします。この場合、払込期日以後１年以内の期間分の支払保険料は、短期前払費用としてそのまま支出時の損金とすることができます（生命保険料にも適用）。

●保険契約１　保険期間が８月１日から１年、年間保険料60,000円の火災保険を契約、８月１日に保険料を支払いました。決算は３月末です。

❶年間保険料支払時

（借）支払保険料　40,000　　（貸）現金預金　60,000
　　　前払保険料　20,000（60,000×４か月／12か月）

❷短期前払費用として処理する場合　上記①の処理に代えて、短期前払費用として処理することもできます。

（借）支払保険料　60,000　　（貸）現金預金　60,000

●保険契約２　保険期間が８月１日から２年、支払保険料120,000円の火災保険を契約し、８月１日に保険料を支払いました。決算は３月末です。

（借）支払保険料　40,000　　（貸）現金預金　120,000
　　　前払保険料　60,000（120,000×12／24か月）
　　　長期前払費用　20,000（60,000×４／24か月）

◇１年超の支払いの場合、短期前払費用の適用はありません。

長期損害保険の保険料の税務処理のしかた

長期損害保険の保険料には、満期返戻金に充てるための積立保険料を含んでいることから、支払保険料のうち、積立保険料に相当する部分の金額は積立保険料として資産計上し、残額を損金とするのが原則処理です。

また、資産計上している長期損害保険契約の積立保険料の部分の金額は、保険事故が発生して保険金の支払いを受けた場合でも、たとえば損害割合が80%以内の分損（全損には至らない損害）の場合など、損害保険契約が失効しないときは、損金の額に算入されないので注意が必要です。

◇長期損害保険の保険料の税務処理のしかた

<table>
<tr><th>区　分</th><th>契約者</th><th>被保険者</th><th>税務処理
（支払保険料の額が年間120千円の場合）</th></tr>
<tr><td>長期損害保険契約</td><td colspan="2">法　人</td><td rowspan="2">（借）積立保険料　50　（貸）現金預金 120
　　　損害保険料　70
◇積立保険料の部分は資産、残額は損金。
◎全額を損金とした場合の申告調整
[別表四] 損害保険料否認（加算・留保）50
[別表五（一）]「Ｉ利益積立金額」積立保険料（当期増）50</td></tr>
<tr><td rowspan="2">賃借建物等の長期損害保険</td><td>法　人</td><td>建物等の所有者</td></tr>
<tr><td colspan="2">建物等の所有者</td><td>（借）建物等賃借料 120　（貸）現金預金 120
◇保険料の全額を建物等の賃借料とする。</td></tr>
<tr><td rowspan="2">役員等所有の建物等の長期損害保険</td><td>法　人</td><td>役員等</td><td>（借）積立保険料　50　（貸）現金預金 120
　　　給　与（※）　70
◇積立保険料の部分は資産、残額は給与。</td></tr>
<tr><td colspan="2">役員等</td><td>（借）給　　与 120　（貸）現金預金 120</td></tr>
</table>

（※）給与とされない場合は「福利厚生費」となる。「給与とされない場合」とは、所得税において給与課税されない場合のことで、所得税法「地震保険料控除」に規定する家屋の損害保険料など（特定の役員等のみを保険の対象としている場合を除く）が該当する。

8 受取保険金等の税務上の取扱いはどうなる？

→受取保険金等は保険金等の確定時に収益として課税対象となる

　受取保険金等については、保険金等の確定時に収益として益金計上します。保険金等の確定時とは、保険会社等からの保険金等に関する通知があった日などのことです。これは、保険契約の解約返戻金や生命保険契約の契約者配当の額についても同様です。

■保険差益の経理処理の例

❶**保険金の請求**　工場用建物（簿価30,000）が火災で焼失し、焼跡整理費2,000を支払うとともに、保険金を請求した（単位：千円）。

　（借）火災未決算　32,000　　（貸）建　　　物　30,000
　　　　　　　　　　　　　　　　　　現 金 預 金　 2,000

❷**保険金の確定**　保険会社より保険金50,000の支払通知を受け取った。

　（借）未 収 入 金　50,000　　（貸）火災未決算　32,000
　　　　　　　　　　　　　　　　　　保 険 差 益　18,000

　◇上記では保険差益（特別利益）が発生していますが、仮に保険金が20,000だった場合、火災損失（特別損失）12,000を計上します。

■保険差益の課税繰延べ措置とは

　所有資産の滅失や損壊により受け取った保険金等のうち、被害や損失の額を上回る部分の金額（保険差益）は法人税の課税対象となりますが、保険差益に一時に課税すると、資産の復旧の妨げになります。そこで、一定の保険金等については、圧縮記帳制度により課税の繰延べができます。

```
受取保険金等 ┬→ 圧縮記帳の適用あり →  課税の繰延べ
             └→ 圧縮記帳の適用なし →  受取り時に課税
```

課税繰延べ効果は、資産の取得価額を減額することにより実現します。

資産の取得価額を減額 → 減価償却費が減額 → 所得金額が増額 → 課税の取戻し

圧縮記帳が適用される保険金等の範囲は

圧縮記帳制度が適用される保険金等とは、保険金、共済金、損害賠償金で、損壊のあった日から３年以内に支払いの確定したものです。棚卸資産の滅失等や固定資産の滅失等による休廃業にともなう収益補てんのための受取保険金は除きます。

なお、保険金は、保険業法に規定する保険会社、外国保険業者、少額短期保険業者から支払われたものに限定されます。

共済金は、固定資産の損害に対して支払われる共済金に限られ、次の法人が行なう共済に限定されます。

農業協同組合・同連合会、農業共済組合・同連合会、漁業協同組合・水産加工業協同組合・共済水産業協同組合連合会、事業協同組合・事業協同小組合、火災共済協同組合・協同組合連合会、生活衛生同業組合・同連合会、漁業共済組合・同連合会、森林組合連合会

圧縮記帳が適用される代替資産の範囲とは

圧縮記帳制度では、所有固定資産と同一種類の代替資産を取得するか、損壊した固定資産の修理や改良を行なうことが必要です。この場合、代替資産が同一種類の固定資産であるかどうかは、次のように判定します。

①耐用年数省令別表第一に掲げる減価償却資産（機械および装置以外）

同表に掲げる種類の区分である、建物、建物附属設備、構築物、船舶、車輌運搬具、工具、器具および備品の区分が、同じであることが必要です。たとえば建物なら、倉庫の代替資産として工場も認められます。

②機械および装置

旧耐用年数省令別表第二に掲げる設備の種類（食料品製造業用設備、化学工業用設備など）の区分が、同じか類似していることが必要です。

9 保険金等で取得した資産等の圧縮記帳制度とは

→圧縮記帳制度では確定した決算で圧縮損等を計上する必要がある

　圧縮記帳制度では、保険金等の受取事業年度に代替資産の取得等をした場合、次のいずれかの方法で経理処理します。

■圧縮記帳の経理方法と経理処理の例

❶資産の取得価額の減額　圧縮限度額が90万円になりました。
❷圧縮限度額以下の金額を、資産の帳簿価額から直接減額する方法
　（借）建 物 圧 縮 損　900,000　　（貸）建　　　　　物　900,000
　◇建物圧縮損は特別損失となります。
❸圧縮限度額以下の金額を、引当金勘定として計上する方法
　（借）建物圧縮引当金繰入額　900,000　（貸）建物圧縮引当金　900,000
❹圧縮限度額以下の金額を、剰余金の処分により積立金として積み立て、圧縮積立金認定損などとして申告書別表四にて減算する方法
　（借）未 処 分 利 益　900,000　　（貸）建物圧縮積立金　900,000

■保険金等の受取事業年度に代替資産の取得ができない場合

　この場合、原則としてその翌期首から2年以内に代替資産の取得等が見込まれるときは、圧縮限度額以下の額を**特別勘定**として損金の額に算入できます。また、特別勘定として経理した金額は、翌2年以内に代替資産等を取得した場合、代替資産の取得等ができなかった場合、解散の場合、合併（適格合併を除く）の場合は、特別勘定を取り崩して益金計上します。

❶特別勘定（負債）の設定
　（借）特別勘定繰入損　900,000　（貸）特　別　勘　定　900,000
　◇あるいは、次のように特別勘定を仮受金とすることもできます。
　（借）現 金 預 金　900,000　　（貸）仮　　受　　金　900,000

❷翌年に代替資産の取得等をした場合

（借）	特　別　勘　定	900,000	（貸）特別勘定戻入益	900,000
	建 物 圧 縮 損	900,000	建　　　　　物	900,000

◇損益計算書において、特別勘定繰入損は特別損失、特別勘定戻入益は特別利益とします。

◘圧縮限度額の算定のしかた

①保険金等の受取年度内に代替資産を取得した場合の圧縮限度額 ＝保険差益金の額（※）×固定資産の取得等に充てた保険金等の額のうち、分母に達するまでの金額÷（保険金等の額－滅失または損壊により支出する経費の額（A）） （※）保険差益金の額＝保険金等の額－（A）－滅失等をした固定資産の被害直前の帳簿価額のうち、被害部分に相当する金額（B）
②保険金等の受取前の年度で代替資産を取得した場合の圧縮限度額 ＝①の圧縮限度額×圧縮記帳時の帳簿価額（改良の場合は改良部分の帳簿価額）÷固定資産の取得価額
③保険金等受取年度の翌年で代替資産を取得した場合の圧縮限度額 下記の圧縮限度額と同様の金額を特別勘定として損金経理する。 圧縮限度額＝保険差益金の額×固定資産の取得等に充てようとする保険金等の額のうち、分母に達するまでの金額÷（保険金等の額－（A））
④保険金等の支払いに代えて交付を受けた代替資産の圧縮限度額 ＝代替資産のその交付を受けたときにおける価額－（A）－（B）

■滅失または損壊により支出する経費の取扱い

(1)　滅失等の経費には、滅失等があった固定資産の取壊費、焼跡の整理費、消防費などの経費が含まれますが、類焼者への賠償金や被災者への弔慰金などは含まれません。経費の額が未確定の場合には見積計上します。

(2)　２以上の資産について滅失等の共通経費がある場合は、保険金等の額などの合理的な基準により、共通経費を各資産に配賦します。

(3)　滅失等（経費を含む）の額は、保険金等の額を見積計上する場合を除き、保険金等の額が確定するまで損金の額に算入できず、仮払金等の勘定に計上します。ただし、保険金等が損害賠償金のみの場合を除きます。

10 圧縮記帳の申告はこうする

➔圧縮限度額以下の金額を損金とするためには申告書への記載が必要

圧縮記帳の適用上、確定した決算で圧縮額等を損金経理するとともに、別表「保険金等で取得した固定資産等の圧縮額等の損金算入に関する明細書」に記載し、確定申告書に添付します。なお、圧縮限度額を超える金額を圧縮損等として計上した場合には、その超過額を別表四で加算します。

■申告書はどのように記載するのか

次のような被害を受けた場合の申告書の書き方を次ページに掲載します。

・被害を受けた建物の帳簿価額：45,000千円（うち、被害部分30,000千円）
・建物の損壊により支出した経費の額：10,000千円
・保険金の受取額：50,000千円
・代替資産の取得価額：40,000千円（うち、圧縮損計上額10,000千円）

■代替資産の取得等の期限延長の申請のしかた

災害その他やむを得ない特別な事情により、保険金受取事業年度の翌年２年以内に代替資産の取得等ができない場合は、期限の延長を申請し、税務署長による期日の指定を受けることができます。

①**申請書**　「保険差益特別勘定の設定期間延長の申請書」 ②**提出期限**　保険金等の受取事業年度終了の日の翌日から２年を経過した日の２か月前まで ③**提出先**　所轄税務署

（注）申請書を提出した場合、保険金等の受取事業年度終了の日の翌日から２年を経過した日の前日までに指定や却下の処分がなかったときは、その申請にかかる指定を受けようとする日に指定があったものとみなされます。

◘圧縮額等の損金算入に関する明細書の記入例

①保険金等で取得した固定資産等の圧縮額等の損金算入に関する明細書

事業年度又は連結事業年度	X1・4・1 X2・3・31	法人名	(株)齋藤工業 ( )

別表十三(二) 平二十四・四・一以後終了事業年度又は連結事業年度分

区分	項目	番号	金額
	保険事故等のあった事業年度又は連結事業年度	1	昭㊥X1・4・1 昭㊥X2・3・31
	保険等の目的資産	2	建物(工場)
	保険等の目的資産の帳簿価額	3	円 45,000,000
	同上のうち被害部分の帳簿価額	4	30,000,000
保険金等を受けた場合	取得した保険金等の額	5	50,000,000
保険金等を受けた場合	資産の滅失等により支出する経費の額	6	10,000,000
保険金等を受けた場合	差引保険金等の額 (5)－(6)	7	40,000,000
保険金等を受けた場合	保険差益金の額	8	10,000,000
代替資産の交付を受けた場合	交付を受けた代替資産の価額	9	
代替資産の交付を受けた場合	資産の滅失等により支出する経費の額	10	
代替資産の交付を受けた場合	差引代替資産の額 (9)－(10)	11	
代替資産の交付を受けた場合	代替資産に係る差益金の額	12	
帳簿価額の減額等をした場合 保険金等を受けた場合の計算	代替資産の帳簿価額を減額し、又は積立金に経理した金額	13	円 10,000,000
帳簿価額の減額等をした場合 保険金等を受けた場合の計算	代替資産の取得等のため(7)又は(7)のうち特別勘定残額に対応するものから支出した金額	14	40,000,000
帳簿価額の減額等をした場合 保険金等を受けた場合の計算	圧縮限度額 $(8)\times\frac{(14)}{(7)}$ 又は $(8)\times\frac{(14)}{(7)}-1$ 円	15	10,000,000
帳簿価額の減額等をした場合 代替資産の交付を受けた場合の計算	代替資産の帳簿価額を減額し、又は積立金に経理した金額	16	
帳簿価額の減額等をした場合 代替資産の交付を受けた場合の計算	圧縮限度額 (12)又は(12)－1円	17	
帳簿価額の減額等をした場合	圧縮限度超過額 (13)－(15)及び(16)－(17)	18	0
特別勘定に経理した場合	特別勘定に経理した金額	19	
特別勘定に経理した場合 繰入限度額の計算	特別勘定の対象となり得る金額 (7)－(14)	20	
特別勘定に経理した場合 繰入限度額の計算	繰入限度額 $(8)\times\frac{(20)}{(7)}$	21	
特別勘定に経理した場合	繰入限度超過額 (19)－(21)	22	
特別勘定に経理した場合 翌期繰越額の計算	当初特別勘定に経理した金額 (19)－(22)	23	
特別勘定に経理した場合 翌期繰越額の計算	同上のうち前期末までに益金の額に算入された金額	24	
特別勘定に経理した場合 翌期繰越額の計算	当期中に益金の額に算入すべき金額	25	
特別勘定に経理した場合 翌期繰越額の計算	期末特別勘定残額 (23)－(24)－(25)	26	

法 0301－1302

3章

債権の経理処理

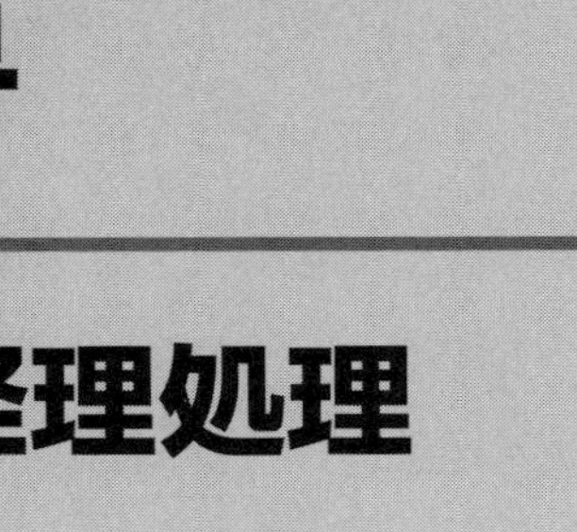

企業の営業活動にともなう売上代金の未収金や貸付金などは、金銭債権として、回収されるまで適切に管理する必要があります。この章では、債権管理の基礎知識、債権の評価のしかた、債権が回収不能となった場合の会計・税務処理のしかたなど、債権に関する経理処理について解説します。

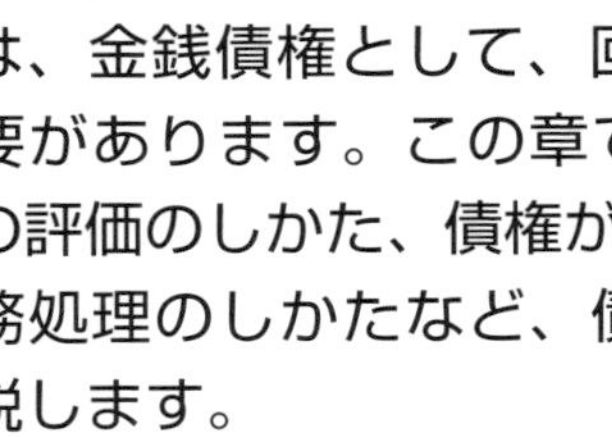

1 最低限知っておきたい債権管理の基礎知識

➡取引先との契約書などで債権管理のための条項を入れるのも一法

企業の営業活動は、債権の回収をもって完結します。債権を回収できなければ事業を継続できないので、債権回収は重要です。ここでは、債権管理について、企業として行なうべき最低限の手法について確認します。

■事前の与信管理とは

新規の取引開始前に、相手の信用状態を確認します。会社などの登記事項証明書の確認、信用機関による調査の依頼、経営者との面談、信用調査機関によるデータの入手などの方法があります。ただし、取引開始後の相手の経営状態の悪化や意図的な支払遅延などに対応するためには、取引後も継続的な与信管理が必要となります。

■契約書による債権保全のしかた

取引相手と結ぶ契約書には、支払期限・支払手段・クレーム処理の方法などの基本的事項のほか、次の事項を取り決めておくことも重要です。

①契約期間…契約期間を限定しておくことで、相手の状況に応じて、更新時に条件を変更することができます。

②契約解除条項…これを入れておくことで、相手の信用状況の悪化の際などには、契約を解除して、損失の拡大を防止することができます。

③商品等の供給停止条項…これを入れておくことで、相手に倒産等の予兆を発見したときなどには、相手への納品義務が免除され、代金不払いを回避することができます。

■売掛金等の残高データを確認する

売掛金等の残高データについては、支払遅延のものがないかを常に確認し、支払遅延の場合は、相手に対する催告を、残高確認を兼ねて行なうことが重要です。これは貸倒引当金を設定する際のデータにもなります。

債権の消滅時効の中断のしかた

売掛債権などの債権には**時効**がありますので、債権者が何もせずに時効期間が経過すれば、債務者が時効を主張することにより、債権は未払いのまま消滅してしまいます。

◇債権の消滅時効の例

時効期間	債権の種類	起算日
6か月	小切手所持人の債務者に対する請求権	呈示期間経過の翌日
1年	約束手形の裏書人に対する請求権	満期日の翌日
2年	商品や製品の売掛債権	支払期日の翌日（注）
3年	建築工事等の請負代金の債権	支払期日の翌日（注）
	約束手形の振出人に対する請求権	満期日の翌日
5年	企業間の商取引や貸付等の一般商事債権	支払期限の翌日（注）

（注）支払期日がない場合は、起算日は債権発生の翌日。

そこで、取引先に対しては、次の手段により時効を中断（無効にすること）させることが必要です。

①**裁判外の請求**…債務者に対して内容証明郵便などで請求することですが、請求が債務者に到達した時点で時効が中断します。ただし、中断の効力は6か月のみで、しかも1回限りですので、裁判手続きが間に合わない場合などに応急的に時効を中断するのに利用される手続きです。

②**裁判上の請求**…支払督促の申立てや訴訟の提起などにより、訴状を裁判所に提出した時点で時効が中断します。

③**債務者による承認**…債務者が債権の存在について認める意思表示をすることで、時効は中断します。この意思表示には支払いの猶予の要請や一部代金の支払いなども含まれます。債権者としては残高確認などにより債務者の承認を得ておくのが得策です。

2 最低限知っておきたい債権回収の基礎知識

➡債権回収のため事前に債権保全の手段を講じておく必要がある

債権回収の方法としては、債務者の財産を担保にとる方法や、個人保証を付ける方法が代表的なものですが、前者は原則として裁判所の執行手続きが必要となる、後者は個人の資力に左右されるなどの欠点があります。ここでは実務上、採用することができる債権回収の方法を取り上げます。

預り保証金による回収のしかた

あらかじめ取引先から**保証金**を預かっておき、取引先が代金を支払わない場合は、その保証金と債権を相殺することで債権を回収します。保証金を預かる際は、取引先との間で保証金預託契約を締結しておき、返還条件、債権と相殺できる事由、相殺する金額などについて決めておきます。

相殺による回収のしかた

取引先に対して売掛金などの債権と、買掛金などの債務が同時にある場合、取引先に対して債権と債務の**相殺**を意思表示することで、結果として優先回収を受けることが可能です。原則として売掛金等と買掛金等の弁済期が到来していれば、相殺は可能となります。

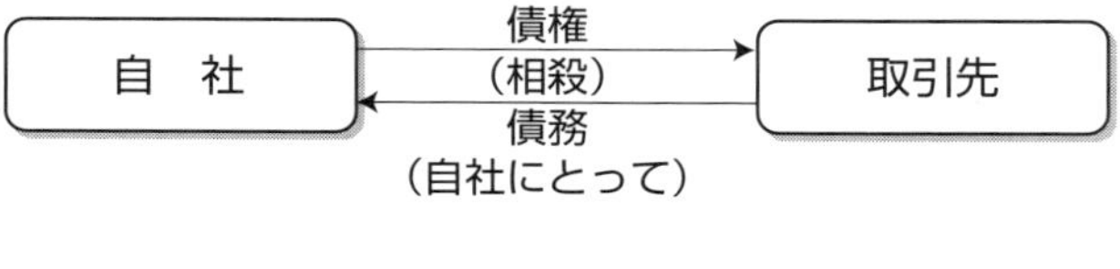

譲渡担保による回収のしかた

譲渡担保は、担保となる財産の所有権が形式的に債権者に移転し、債務履行時に債務者に返還し、債務不履行時には担保財産で回収を受ける方法です。譲渡担保は、担保設定契約を取引先と締結しますが、債権者は担保財産を取得でき、強制執行などの手続きが不要である長所があります。

なお、担保の実行手続きとしては、担保財産の時価と債権額との差額を取引先に返還する方法、担保財産を処分して得た対価の額から債権額を控除した金額を返還する方法があります。

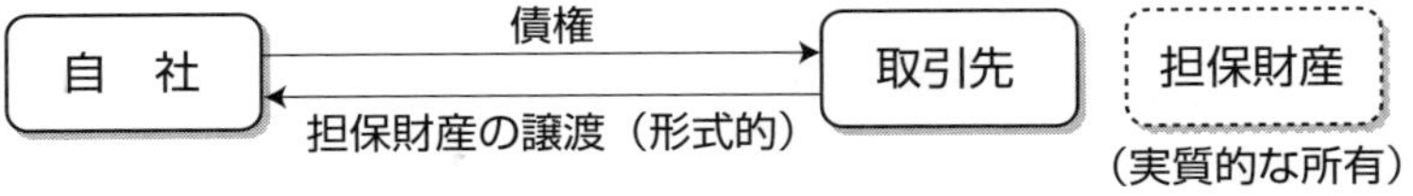

債務履行まで占有物を手元に置ける「留置権」や、債務者の物件を競売して優先的に弁済を受けられる「先取特権」などと比べたのが下表です。

◇担保による回収方法の比較

	抵当権	留置権	先取特権	譲渡担保
設定方法	債務者との設定契約	債務者との契約なしでも法律上認められる		債務者との設定契約
目的物	不動産等	動産、不動産	動産、不動産、一般財産	
優先弁済効力	あり	なし	あり	あり
対抗要件	必要	不要	不動産は必要	必要
実行方法	競売または任意売却	留置物からの収益	競売または債権差押え	目的物を取得または売却

代理受領による回収のしかた

代理受領とは、取引先が第三者に対してもつ債権から、取引先の代わりに代金等を受け取ることで債権を回収する方法です。代理受領を行なう際は、取引先から受領の委任を受け、かつ第三者の承認を得ておく必要があります。ただし、第三者への対抗方法がないので、受領前に債権の差押えなどが行なわれた場合は、代理受領はできないことがあります。

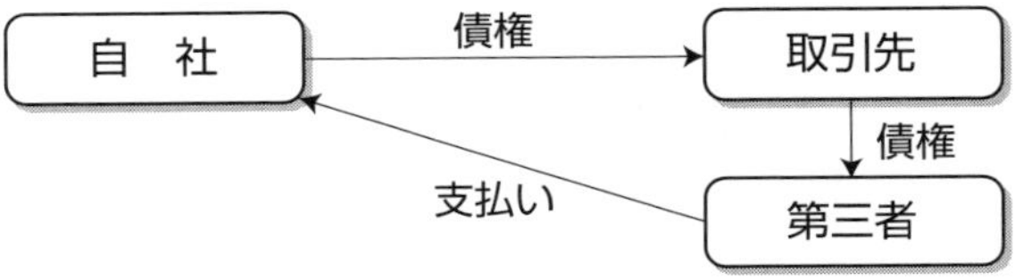

3 債権の評価はどのように行なうのか

➔債権の評価額は、取得価額から貸倒見積高を控除した金額となる

受取手形、売掛金、貸付金、その他の債権の貸借対照表価額は、取得価額から**貸倒見積高**に基づいて算定された**貸倒引当金**を控除した金額となります。また、債権を債権金額より低い価額または高い価額で取得した場合には、償却原価法（118ページ参照）による価額から貸倒引当金を控除した金額となります。

貸倒見積高を算定する場合の債権の区分

債権について貸倒見積高を算定する場合、まず債権を、債務者の財政状態や経営成績等に応じて、次のように区分します。

①**一般債権**…経営状態に重大な問題が生じていない債務者に対する債権

②**貸倒懸念債権**…経営破綻の状態には至っていないが、債務の弁済に重大な問題が生じている、または生じる可能性が高い債務者に対する債権

③**破産更生債権等**…経営破綻または実質的に経営破綻に陥っている債務者に対する債権

1 貸倒懸念債権とは

貸倒懸念債権に区分する場合は、次の点に留意します。

(1)　上記②の「債務の弁済に重大な問題が生じている」とは、現に債務の弁済がおおむね１年以上延滞している場合、弁済期間の延長、弁済の一時棚上げ、元金または利息の一部を免除するなど、債務者に対し弁済条件の大幅な緩和を行なっている場合が含まれます。

(2)　上記②の「債務の弁済に重大な問題が生じる可能性が高い」とは、業況が低調ないし不安定、または財務内容に問題があり、過去の経営成績または経営改善計画の実現可能性を考慮しても、債務の一部を条件どお

りに弁済できない可能性が高いことをいいます。

(3) 左記(2)の「財務内容に問題がある」とは、現に債務超過である場合のみならず、債務者が有する債権の回収可能性や資産の含み損を考慮すると、実質的に債務超過の状態に陥っている状況を含みます。

❷破産更生債権等とは

破産更生債権等に区分する場合は、次の点に留意します。

(1) 経営破綻に陥っている債務者とは、法的、形式的な経営破綻の事実が発生している債務者をいい、たとえば、破産、清算、会社整理、会社更生、民事再生、手形交換所における取引停止処分などの事由が生じている債務者をいいます。

(2) 実質的に経営破綻に陥っている債務者とは、法的、形式的な経営破綻の事実は発生していないものの、深刻な経営難の状態にあり、再建の見通しがない状態にあると認められる債務者をいいます。

■債権区分の簡便法とは

一般企業においては、すべての債務者について、業況の把握および財務内容に関する情報の入手を行なうことは、通常、困難です。そこで、原則的な区分方法に代えて、たとえば、売掛金等の計上月または貸付金等の弁済期限からの経過期間に応じて、債権区分を行なうなどの簡便な方法も認められます。

◇回収可能性からみた債権の区分

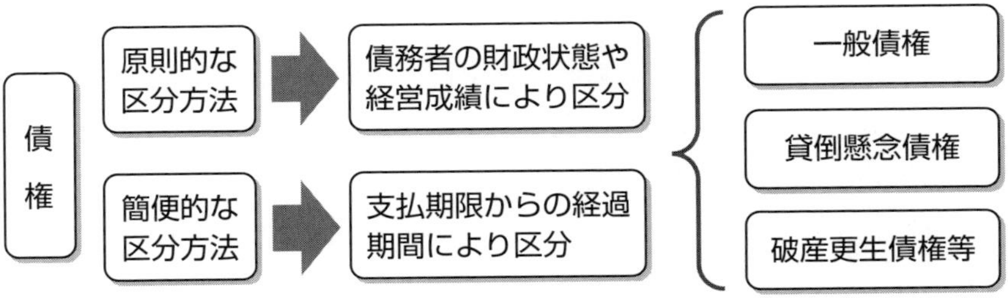

4

貸倒見積高の算定はどのように行なうのか

➔貸倒見積高は債権の各区分に応じた方法により算定する

貸倒見積高は、債権を一般債権、貸倒懸念債権、破産更生債権等に区分し、その区分に応じた方法により算定します。なお、破産更生債権等の貸倒見積高は、原則として貸倒引当金として処理しますが、債権金額または取得価額から直接減額することもできます。

貸倒見積高の算定のしかた

債権の貸倒見積高は、それぞれ次の方法により算定します。

❶一般債権

債権全体または同種・同類の債権ごとに、債権の状況に応じて求めた過去の貸倒実績率など、合理的な基準により貸倒見積高を算定します。これを**貸倒実績率法**（62ページ参照）といいます。ただし、企業が新規業態に進出した場合など、過去の貸倒実績率を用いることができない場合や適切でない場合には、同業他社の引当率や、経営上用いている合理的な貸倒見積高を採用することができます。

❷貸倒懸念債権

債権の状況に応じて、次のいずれかの方法により貸倒見積高を算定します。ただし、同一の債権については、債務者の財政状態や経営成績の状況などが変化しない限り、同一の方法を継続して適用します。

イ　債権額から担保の処分見込額および保証による回収見込額を減額し、その残額について債務者の財政状態や経営成績を考慮して貸倒見積高を算定する方法で、**財務内容評価法**（66ページ参照）といいます。

ロ　債権の元本の回収および利息の受取りにかかるキャッシュ・フローを合理的に見積もることができる債権については、債権の元本および利息について、元本の回収および利息の受取りが見込まれるときから、当期末までの期間にわたり、当初の約定利子率で割り引いた金額の総額と債権の帳簿価額との差額を貸倒見積高とする方法で、**キャッシュ・フロー（ＣＦ）見積法**（64ページ参照）といいます。

❸破産更生債権等

債権額から担保の処分見込額および保証による回収見込額を減額し、その残額を貸倒見積高とします。これを**財務内容評価法**（66ページ参照）といいます。

◘債権の区分と貸倒見積高の算定方法

一般債権	貸倒実績率法など
貸倒懸念債権	①財務内容評価法 ②キャッシュ・フロー（ＣＦ）見積法
破産更生債権等	財務内容評価法

■貸倒引当金の表示のしかた

売掛金、その他の債権に対する貸倒引当金は、下表のように、貸借対照表の資産から控除する形で記載します。なお、通常の取引に基づいて発生した債権に対する貸倒引当金繰入額は販売費、それ以外の債権に対する貸倒引当金繰入額は営業外費用とします。

①科目別に控除する方法（原則） 受取手形　25,000 　貸倒引当金　500　24,500 売掛金　130,000 　貸倒引当金　900　129,100	③直接控除する方法（個別に注記） 受取手形（注）　24,500 売掛金（注）　129,100 （注記）受取手形について500円、売掛金について900円の貸倒引当金を控除している。
②一括して控除する方法 受取手形　25,000 売掛金　130,000 　貸倒引当金　1,400　153,600	④直接控除する方法（一括して注記） 受取手形（注）　24,500 売掛金（注）　129,100 （注記）受取手形、売掛金について貸倒引当金合計1,400円を控除している。

5 貸倒実績率法による算定はどのように行なうのか

➔貸倒実績率法は、過去の貸倒実績率等により貸倒見積高を算定する

貸倒実績率法では、債権を売掛金、受取手形、貸付金、未収入金などに区分するか（同種の区分）、営業債権と営業外債権とに区分するか、あるいは短期と長期の期間別に区分（同類の区分）して、それぞれの区分に応じた過去の貸倒実績率を求め、貸倒見積高を算定します。

貸倒実績率法による貸倒見積高の算定のしかた

貸倒実績率法による貸倒見積高は、次の流れで算定します。

①債権を上記のように区分し、区分ごとの過去の貸倒損失を算定する

②貸倒実績率を算定する期間は、債権の平均回収期間とする。ただし、その期間が１年を下回る場合には、１年とする

③貸倒実績率は、ある期における債権残高を分母とし、翌期以降における貸倒損失額を分子として算定する

④貸倒実績率は、当期を含む、それ以前の２～３算定期間の貸倒実績率の平均値による

貸倒実績率法による算定の例

❶貸倒見積高の算定条件

・債権の平均回収期間は３か月とする。

・貸倒実績率は、期末債権残高に対する、翌期１年間の貸倒損失の発生割合とする。

・当期に適用する貸倒実績率は、過去３算定年度にかかる貸倒実績率の平均値とする。

❷過去3期間の貸倒れの発生状況

	X－3期	X－2期	X－1期	X期	当初債権損失累計
期末債権残高 当期貸倒損失	8,000	0 30			8,000 30
期末債権残高 当期貸倒損失		7,600	0 45		7,600 45
期末債権残高 当期貸倒損失			8,300	0 25	8,300 25
期末債権残高 当期貸倒損失				8,100	8,100
合計期末債権残高 合計当期貸倒損失	8,000	7,600 30	8,300 45	8,100 25	

❸貸倒実績率の算定　基準となる各算定期間について貸倒実績率を算定します。

・X－3期を基準年度とする貸倒実績率＝30÷8,000＝0.38％
・X－2期を基準年度とする貸倒実績率＝45÷7,600＝0.59％
・X－1期を基準年度とする貸倒実績率＝25÷8,300＝0.30％

❹X期の貸倒実績率の算定　上記の3算定期間についての貸倒実績率の平均値を計算し、X期の貸倒実績率を算定します。

　　（0.38＋0.59＋0.30）÷3＝0.42％

❺当期の貸倒引当金の額の計上

　（借）貸倒引当金繰入額　34　　（貸）貸　倒　引　当　金　34
　◇貸倒引当金34＝8,100×0.42％
　◇損益計算書において、貸倒引当金繰入額を販売費などに計上します。

❻翌期の洗替え処理

　（借）貸　倒　引　当　金　34　　（貸）貸倒引当金戻入益　34
　◇貸倒引当金戻入益は特別利益などとなります。

6 ＣＦ見積法による算定はどのように行なうのか

➡ＣＦ見積法は、ＣＦを合理的に見積もることができる場合に適用される

貸倒懸念債権の貸倒見積高の算定については、将来キャッシュ・フロー（ＣＦ）を合理的に見積もることが可能であり、かつ、実際の回収が担保処分によるのではなく、債務者の収益を原資とする方針である場合は、財務内容評価法よりも、ＣＦ見積法によることが望ましいとされています。

◘ＣＦの見積りのしかた

＊貸倒見積高＝債権の帳簿価額－元利回収の将来ＣＦの割引現在価値	
将来ＣＦの算定	**①支払条件を緩和した場合** 元利が予定どおり入金されないおそれがあるときは、緩和後の支払条件に基づく将来ＣＦを用いる
	②支払条件を緩和していない場合 回収可能性の判断に基づき、入金可能な時期と金額を反映した将来ＣＦを見積もる
	③将来ＣＦの見積り方法 将来ＣＦは、債務者の実現可能性の高い将来の事業計画や収支見通しなどの客観的な資料を裏づけとして、合理的に算定する必要がある
割引率	原則として、債権の発生当初の約定利子率を割引率とする。これは、債権の時価評価ではなく、あくまでも債権の取得価額からの控除額を算定する目的があるから

▌ＣＦ見積法による算定例

❶貸倒見積高の算定条件　貸付金額500,000、約定利子率年４％（年１回毎期末後払い）、残存期間３年（期限一括返済）の債権について、Ｘ１年

3月31日の利払い後に債務者から条件緩和の申し出があり、約定利子率を年2％に引き下げることに合意しました。

❷将来ＣＦなどの見積り

	Ｘ2年 3月31日	Ｘ3年 3月31日	Ｘ4年 3月31日	合 計
契約上の将来ＣＦ	20,000	20,000	520,000	560,000
条件緩和後の将来ＣＦの当初における見積り	10,000	10,000	510,000	530,000
約定利子率4％に基づく現在価値	1.04 9,615	$(1.04)^2$ 9,246	$(1.04)^3$ 453,388	 472,249

❸条件緩和時（Ｘ1年3月31日）

（借）貸倒引当金繰入額　27,751　　（貸）貸　倒　引　当　金　27,751

◎条件緩和にともない、債権金額500,000と、予想される将来ＣＦを当初約定利子率（4％）で割り引いた現在価値472,249との差額27,751を貸倒引当金に計上します。

❹時間の経過による貸付金の変動額の処理　Ｘ2年3月31日に発生する利息は、予想される将来ＣＦを当初約定利子率（4％）で割り引いた472,249を元本として、当初の約定利子率年4％を乗じた18,890となるため、入金額10,000との差額の貸倒引当金を取り崩します。この処理方法には、次の2つの方法があります。

①受取利息として処理する方法

（借）現　金　預　金　10,000　　（貸）受　取　利　息　18,890
　　　貸　倒　引　当　金　8,890

②貸倒引当金戻入益として処理する方法

（借）現　金　預　金　10,000　　（貸）受　取　利　息　10,000
　　　貸　倒　引　当　金　8,890　　　　貸倒引当金戻入益　8,890

7 財務内容評価法による算定はどのように行なうのか

➔貸倒懸念債権と破産更生債権等とでは、貸倒見積高の算定式が異なる

貸倒懸念債権の財務内容評価法では、債権金額から担保の処分見込額等を控除した残額について、債務者の財政状態などに応じた貸倒見積高を算定します。他方、破産更生債権等の財務内容評価法では、債権金額から担保の処分見込額などを控除した残額が貸倒見積高とされます。

財務内容評価法による貸倒見積高の算定のしかた

貸倒懸念債権と破産更生債権等について、財務内容評価法による貸倒見積高は次のように算定されます。

①貸倒懸念債権の場合

＊貸倒見積高＝(債権金額－担保の処分見込額等)×50%等

②破産更生債権等の場合

＊貸倒見積高＝債権金額－担保の処分見込額等

1 財務内容の評価のしかた

財務内容評価法を採用する場合は、債務者の支払能力を総合的に判断する必要があります。そのために、債務者の経営状態、債務超過の程度、延滞の期間、事業活動の状況、銀行等金融機関および親会社の支援状況、再建計画の実現可能性、今後の収益および資金繰りの見通し、その他債権回収に関係するすべての定量的・定性的要因を考慮しなければなりません。

2 一般企業における財務内容の評価のしかた

一般企業では、債務者の支払能力を判断する資料を入手することが困難な場合があります。そこで、たとえば貸倒懸念債権をはじめて認定した期

には、担保の処分見込額および個人・法人保証による回収見込額を控除した残額の50％を引き当て、次年度以降、毎期見直すなどの簡便法を採用することができます。ただし、個別に重要性の高い貸倒懸念債権については可能な限り資料を入手し、評価時点における回収可能額を見積もります。

3 担保の処分見込額等の算定のしかた

(1) 担保の処分見込額は、合理的に算定した担保の時価に基づくとともに、担保の信用度、流通性および時価の変動の可能性を考慮します。なお、簡便法として、担保の種類ごとに信用度、流通性および時価の変動の可能性を考慮した一定割合の掛目を適用する方法が認められます。

(2) 保証による回収見込額は、保証人の保証能力、個人保証では保証意思、法人保証では保証契約など、保証の確実性を確認する必要があります。

(3) 債務者が清算等をした場合には、**清算配当等**が支払われることがあります。この清算配当等により回収が可能と認められる金額は、担保の処分見込額等と同様に、債権額から減額することができます。

貸倒懸念債権と破産更生債権の貸倒見積高の算定の例

●貸倒見積高の算定1　売掛金300,000は貸倒懸念債権に該当し、財務内容評価法により貸倒見積高を算定します。担保の処分見込額は50,000です。

（借）貸倒引当金繰入額　125,000　　（貸）貸 倒 引 当 金　125,000

◇貸倒引当金125,000＝(300,000－50,000)×50％

◇損益計算書において、貸倒引当金繰入額を販売費に計上します。

●貸倒見積高の算定2　貸付金500,000は破産更生債権に該当し、保証による回収見込額は250,000です。

（借）貸倒引当金繰入額　250,000　　（貸）貸 倒 引 当 金　250,000

◇貸倒引当金250,000＝500,000－250,000

◇損益計算書において、貸倒引当金繰入額を営業外費用に計上します。

◇貸付金全額を破産債権として、投資その他の資産の部に計上します。

8 貸倒損失額、受取手形の会計処理はどうする？

→貸倒損失の額は債権から直接控除し、貸倒引当金と相殺する

　債権の回収可能性がほとんどないと判断された場合には、貸倒損失額を債権から直接減額し、その貸倒損失額とその債権にかかる前期貸倒引当金残高を相殺します。また、受取手形の会計処理では、保証債務等の処理に注意が必要です。

■貸倒損失の会計処理のしかた

　貸倒損失は、必ずしも契約上の債権の全部または一部が消滅する場合だけではなく、会社の実質判断により、回収可能性がほとんどないと判断した場合を含みます。また、債権を売却処分した場合の売却損も貸倒損失額に準じて貸倒引当金と相殺します。

■貸倒損失の会計処理の例

●**貸倒損失の計上1**　前期計上の売掛金の貸倒損失が800、貸倒引当金の残高が1,000でした。

　（借）貸 倒 引 当 金　800　　（貸）売　　掛　　金　800

●**貸倒損失の計上2**　前期計上の売掛金の貸倒損失が1,000、貸倒引当金の残高が800でした。

　（借）貸 倒 引 当 金　800　　（貸）売　　掛　　金　1,000
　　　　貸　倒　損　失　200

　◇損益計算書において、売掛金等の貸倒損失を販売費に計上します。

●**貸倒損失の計上3**　当期計上の売掛金の貸倒損失が800でした。

　（借）貸　倒　損　失　800　　（貸）売　　掛　　金　800

●**貸倒債権の回収**　過年度の貸倒債権のうち500を当期に回収しました。

　（借）現　金　預　金　500　　（貸）償却債権取立益　500

◎損益計算書において、償却債権取立益を特別利益に計上します。

◎当期の貸倒れが回収された場合、貸方を「貸倒引当金（前期以前の債権）」または「貸倒損失（当期の債権）」とします。

■受取手形を割引き等した場合の会計処理のしかた

受取手形を割引きまたは裏書譲渡した場合は、原則として新たに生じた二次的責任である手形の保証債務（振出人の不払時に発生する支払義務）を時価評価して認識します。同時に、割引きによる入金額または裏書きによる決済額から保証債務の時価相当額を差し引いた譲渡金額から、譲渡原価である帳簿価額を差し引いた額を手形売却損益として処理します。

■受取手形の会計処理の例

❶売上と手形の受取り　期首に製品を納入し、手形（額面700,000）を受け取りました。手形満期日は２年後です。

（借）	受取手形	700,000	（貸）	売上	700,000

❷決算時　受取手形に対して、額面の１％の貸倒引当金を計上します。

（借）	貸倒引当金繰入額	7,000	（貸）	貸倒引当金	7,000

❸割引時　この受取手形を翌期首に、割引料35,000を控除され、665,000にて銀行で割り引きました。割引時における保証債務（受取手形遡及義務）の時価は、額面の１％として7,000と評価されました。

（借）	現金預金	665,000	（貸）	受取手形	700,000
	保証債務費用	7,000		保証債務	7,000
	貸倒引当金	7,000		貸倒引当金戻入益	7,000
	手形売却損	35,000			

◎決算時には保証債務費用と貸倒引当金戻入益は相殺して表示します。なお、保証債務費用、手形売却損は営業外費用に計上します。

❹手形満期日　この受取手形は、手形満期日に無事決済されました。

（借）	保証債務	7,000	（貸）	保証債務取崩益	7,000

◎損益計算書において、保証債務取崩益を営業外収益に計上します。

9 税務上の貸倒引当金はどのように設定する？

➡税務上の貸倒引当金には、２種類の引当金がある

税務上の貸倒引当金には、個別評価金銭債権に対する貸倒引当金と一括評価金銭債権に対する貸倒引当金があります。個別評価金銭債権は、更生計画認可の決定等に基づく貸倒損失の見込額を個別に計上するので、まずは個別評価金銭債権に対する貸倒引当金を算定する必要があります。

■個別評価金銭債権に対する貸倒引当金とは

更生計画認可の決定等に基づいて、その債権の一部について貸倒損失が見込まれる金銭債権を**個別評価金銭債権**といいます。この個別評価金銭債権に対する貸倒損失の見込額（**個別貸倒引当金**）として、損金経理により貸倒引当金に繰り入れた金額は、個別貸倒引当金繰入限度額の範囲内で、損金として計上することができます。

ただし、個別評価金銭債権のうち、連結完全支配関係がある連結法人に対して有する金銭債権は、貸倒引当金の対象にはなりません。

■一括評価金銭債権に対する貸倒引当金とは

個別評価金銭債権を除く売掛金、貸付金等の金銭債権を**一括評価金銭債権**といいます。この一括評価金銭債権に対する貸倒損失の見込額（**一括貸倒引当金**）として、損金経理により貸倒引当金に繰り入れた金額は、一括貸倒引当金繰入限度額の範囲内で損金として計上することができます。

ただし、一括評価金銭債権のうち、連結完全支配関係がある連結法人に対して有する金銭債権は、貸倒引当金の対象にはなりません。

■貸倒引当金の損金算入要件とは

貸倒引当金繰入額を損金に算入するためには、確定申告書に貸倒引当金

勘定に繰り入れた金額の損金算入に関する明細の記載が必要です。

ただし、明細の記載がない確定申告書の提出があった場合でも、税務署長が、その記載がなかったことについてやむを得ない事情があると認めるときは、貸倒引当金の繰入額を損金として計上することができます。このやむを得ない事情には、記載を失念した場合など単なる事務処理上の理由は含まれません。

なお、貸倒引当金の繰入額を損金に計上した場合には、会計処理と同様に、洗替え処理をして、翌事業年度の所得の金額の計算上、益金の額に算入します。

■取立不能見込額として表示した貸倒引当金の取扱い

貸倒引当金勘定への繰入れの表示に代えて、取立不能見込額として表示した場合でも、その取立不能見込額の表示が財務諸表の注記などにより確認でき、かつ、貸倒引当金勘定への繰入れであることが総勘定元帳および確定申告書において明らかにされているときは、その取立不能見込額は、貸倒引当金勘定への繰入額として取り扱われます。

◇税務上の貸倒引当金の設定

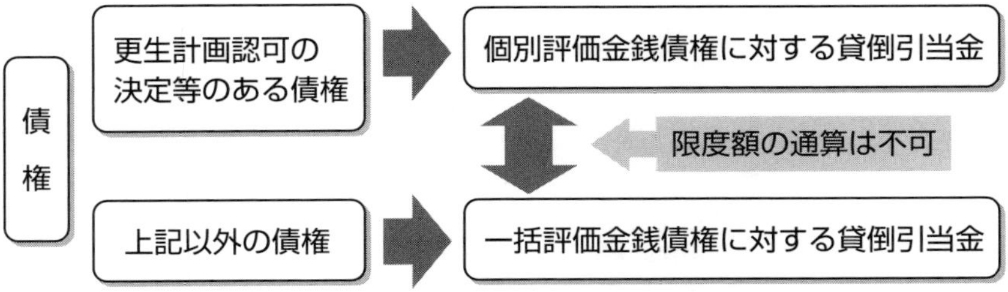

債権の区分	会計上の貸倒引当金の設定法	税務上の貸倒引当金の設定法
一般債権	貸倒実績率法など	一括貸倒引当金
貸倒懸念債権	財務内容評価法など	一括貸倒引当金または個別貸倒引当金
破産更生債権等	財務内容評価法	

10 個別評価金銭債権に貸倒引当金が設定できる場合とは

➔金銭債権に貸倒れに類する事由が生じた場合には引当金が設定できる

税務上、個別評価金銭債権に対する貸倒引当金を設定できるのは、売掛金や貸付金などの金銭債権に貸倒れに類する事由が生じている場合です。

貸倒れに類する事由とは

個別評価金銭債権の貸倒引当金が設定できるのは、法人税法施行令96条1項に定める、次の4つの場合です。

①更生計画認可の決定等による弁済猶予等の場合
②債務超過等により債権の一部の金額が回収不能の見込みの場合
③更生手続き開始の申立て等の場合
④外国の政府等による履行遅滞の場合

1「更生計画認可の決定等による弁済猶予等の場合」とは

金銭債権の債務者に次の事由が発生し、その弁済を猶予され、または賦払い（ふばらい）により弁済される場合です。

①更生計画認可の決定	②再生計画認可の決定
③特別清算にかかる協定の認可の決定	
④法令の規定による整理手続きによらない関係者の協議決定（※）	

（※）関係者の協議決定には次の場合を含みます。

イ　債権者集会の協議決定で、合理的な基準により債務者の負債整理を定めているもの

ロ　行政機関、金融機関、その他第三者のあっせんによる当事者間の協議により締結された契約で、その内容が上記に準ずるもの

2「債務超過等により債権の一部の金額が回収不能の見込みの場合」とは

債務者に債務超過の状態が相当期間（おおむね１年以上）継続し、かつ、その者の営む事業に好転の見通しがないこと、災害、経済事情の急変などにより多大な損害が生じたことで、その個別評価金銭債権の一部の金額について、取立て等の見込みがないと認められる場合です。

3「更生手続き開始の申立て等の場合」とは

債務者に次の事由が生じている場合です。

①更生手続き開始の申立て
②再生手続き開始の申立て
③破産手続き開始の申立て
④特別清算開始の申立て
⑤手形交換所による取引停止処分

4「外国の政府等による履行遅滞の場合」とは

外国の政府、中央銀行または地方公共団体に対する個別評価金銭債権について、これらの者の長期にわたる債務の履行遅滞により、その経済的な価値が著しく減少し、かつ、その弁済を受けることが著しく困難であると認められる事由が生じている場合です。

返還請求権にも個別貸倒引当金が設定できる

個別貸倒引当金が設定できる金銭債権には、保証金や前渡金などの**返還請求権**も含まれます。したがって、たとえば**預託金制ゴルフ会員権**に預託金返還請求権が生じたときは、個別貸倒引当金を設定できます。ただし、この場合に返還請求できるのは**施設利用権**がなくなったときなので、ゴルフ場経営会社が更生手続き開始の申立てをしたときではなく、破産手続き開始の決定があったとき（ゴルフ場が閉鎖される場合）になります。

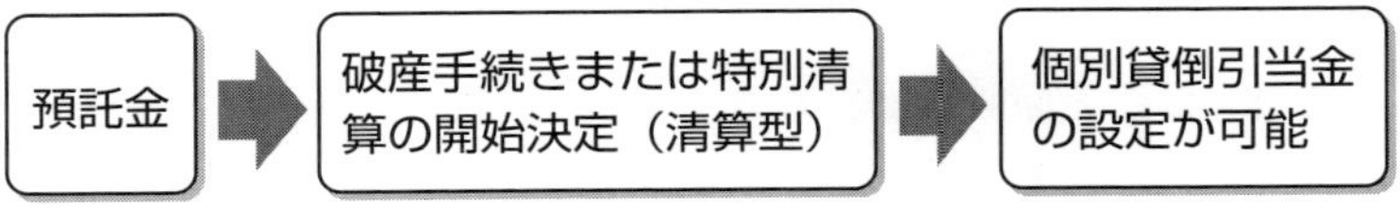

11 個別評価金銭債権の貸倒引当金の設定のしかた

➔貸倒引当金の繰入限度額は貸倒れに類する事由により規定される

■ 個別評価金銭債権の貸倒引当金の繰入限度額

個別評価金銭債権の貸倒引当金の繰入限度額は、それぞれの事由ごとに、次のように規定されています。

債　権　の　区　分	貸倒引当金の繰入限度額
①更生計画認可の決定等による弁済猶予等の場合	債権金額－取立て等の見込額－５年以内の弁済額
②債務超過等により債権の一部の金額が回収不能の見込みの場合	取立て等の見込みがないと認められる金額
③更生手続き開始の申立て等の場合	（債権金額－実質的に債権とみなされない部分の金額－取立て等の見込額）×50％
④外国の政府等による履行遅滞の場合	（債権金額－実質的に債権とみなされない部分の金額－取立て等の見込額）×50％

❶「取立て等の見込額」とは

上表①③の場合の繰入限度額の計算式における「取立て等の見込額」とは、質権、抵当権、所有権留保、信用保険などによって担保されている部分の金額をいいます。また、③の場合の「取立て等の見込額」には、債務者から取得した第三者振出しの手形に相当する金額を含みます。

❷「取立て等の見込みがないと認められる金額」とは

上表②の繰入限度額の計算式において、債権の一部の金額について「取立て等の見込みがないと認められる金額」とは、債権金額から担保物の処分や人的保証による回収可能額などを控除して算定します。

なお、保証人が行方不明であるとき、保証債務の存否に争いがあるとき、保証人が生活保護を受けている場合などは、これらの人的保証額を回収可能額に含めないことができます。

3 「実質的に債権とみなされない部分の金額」とは

左表③の場合の「実質的に債権とみなされない部分の金額」とは、次のようなものをいいます。

イ　同一人に対する売掛金等に対して、買掛金、営業保証金、借入金などがある場合の買掛金等に相当する金額

ロ　同一人に対する貸付金等に対して、買掛金や預り金などがある場合の買掛金等に相当する金額

ハ　同一人に対する売掛金と買掛金がある場合、買掛金の支払いのために、ほかから取得した受取手形を裏書譲渡した場合の、裏書手形の金額に相当する金額

◇実質的に債権とみなされない部分の金額の算定の例

取引先	受取手形	売掛金	支払手形	買掛金	債権からの控除額
A社	230,000	350,000	0	430,000	430,000（※１）
B社	0	890,000	110,000	240,000	350,000（※１）
C社	560,000	170,000	320,000	630,000	730,000（※２）

（※１）売上債権＞仕入債務の場合、仕入債務の金額を債権金額から控除。
（※２）売上債権＜仕入債務の場合、売上債権の金額を債権金額から控除。

支払手形の会計処理の例

上に支払手形が出たので、会計処理の例も簡単に紹介しておきます。

❶仕入と手形の振出し　取引先から製品500,000を仕入れ、約束手形を振り出しました。手形満期日は90日後です。

（借）仕　　入　500,000　　（貸）支払手形　500,000

❷手形満期日　振り出した約束手形が、満期日に無事決済されました。

（借）支払手形　500,000　　（貸）現金預金　500,000

12 個別貸倒引当金の申告はこうする

➔繰入額が設定できる事由がある場合、各種の書類を保存しておく

金銭債権について、個別貸倒引当金の繰入額が設定できる事由が生じている場合には、申告書の記載と、その事由が生じていることを証する書類、担保権の実行等により取立ての見込みがあると認められる部分の金額を明らかにする書類などを保存しておく必要があります。

■個別貸倒引当金の算定上の留意事項

⑴　債務者が振り出した受取手形を割引・裏書譲渡した場合でも、財務諸表の注記を条件に、その受取手形について貸倒引当金を設定できます。

⑵　事業年度終了日までに債務者の振り出した手形が不渡りとなり、その事業年度分の確定申告書の提出期限までに、債務者について手形交換所による取引停止処分が生じた場合には、貸倒引当金を設定できます。

■個別貸倒引当金の申告の例

❶申告書記載の前提条件　当社の売掛金（5,500,000円、無担保）について、債務者の会社更生法による更生計画認可の決定があり、５年以内の弁済金額が1,800,000円とされました。決算上の貸倒引当金繰入額は4,000,000円です。

❷申告調整　上記の繰入限度超過額300,000円について、次のように申告調整します。

［別表四］貸倒引当金繰入限度超過額（加算・留保）300,000

［別表五（一）］「Ⅰ利益積立金額」貸倒引当金（当期増）300,000

◎一括貸倒引当金の場合も、同様に申告調整します。

◆個別貸倒引当金の損金算入に関する明細書の記入例

① 個別評価金銭債権に係る貸倒引当金の損金算入に関する明細書

事業年度又は連結事業年度 X1・4・1 ～ X2・3・31　法人名 (株)齋藤工業 (　)

別表十一(一) 平二十四・四・一以後終了事業年度又は連結事業年度分

区分	項目						計
債務者	住所又は所在地	1					
債務者	氏名又は名称 (外国政府等の別)	2	甲株式会社 (　)	(　)	(　)	(　)	
	個別評価の事由	3	令第96条第1項第1号該当	令第96条第1項第　号該当	令第96条第1項第　号該当	令第96条第1項第　号該当	
	同上の発生時期	4	平X1・7・31	平・・	平・・	平・・	
	当期繰入額	5	4,000,000円	円	円	円	4,000,000円
繰入限度額の計算	個別評価金銭債権の額	6	5,500,000				5,500,000
繰入限度額の計算	(6)のうち5年以内に弁済される金額 (令第96条第1項第1号に該当する場合)	7	1,800,000				
繰入限度額の計算	(6)のうち取立て等の見込額：担保権の実行による取立て等の見込額	8					
繰入限度額の計算	(6)のうち取立て等の見込額：他の者の保証による取立て等の見込額	9					
繰入限度額の計算	(6)のうち取立て等の見込額：その他による取立て等の見込額	10					
繰入限度額の計算	(6)のうち取立て等の見込額：(8)+(9)+(10)	11					
繰入限度額の計算	(6)のうち実質的に債権とみられない部分の金額	12					
繰入限度額の計算	(6)−(7)−(11)−(12)	13	3,700,000				
繰入限度額の計算	繰入限度額：令第96条第1項第1号該当 (13)	14	3,700,000	⇐更生計画認可決定等の場合			3,700,000円
繰入限度額の計算	繰入限度額：令第96条第1項第2号該当 (13)	15		⇐債務者が債務超過等の場合			
繰入限度額の計算	繰入限度額：令第96条第1項第3号該当 (13)×50%	16		⇐更生手続き開始の申立て等の場合			
繰入限度額の計算	繰入限度額：令第96条第1項第4号該当 (13)×50%	17		⇐外国の中央銀行等の履行遅滞等の場合			
繰入限度額の計算	繰入限度額：経過措置の適用を受ける場合 ((14)、(15)、(16)又は(17))×(25%、50%又は75%)	18					
	繰入限度超過額 (5)−((14)、(15)、(16)、(17) 又は(18))	19	300,000				300,000
貸倒実績率の計算の基礎となる金額の明細	貸倒れによる損失の額等の合計額に加える金額 ((6)の個別評価金銭債権が売掛債権等である場合の(5)と((14)、(15)、(16)又は(17))のうち少ない金額)	20					
貸倒実績率の計算の基礎となる金額の明細	貸倒れによる損失の額等の合計額から控除する金額：前期の個別評価金銭債権の額 (前期の(6))	21					
貸倒実績率の計算の基礎となる金額の明細	貸倒れによる損失の額等の合計額から控除する金額：(21)の個別評価金銭債権が売掛債権等である場合の当該個別評価金銭債権に係る損金算入額 (前期の(20))	22					
貸倒実績率の計算の基礎となる金額の明細	貸倒れによる損失の額等の合計額から控除する金額：(22)に係る売掛債権等が当期において貸倒れとなった場合のその貸倒れとなった金額	23					
貸倒実績率の計算の基礎となる金額の明細	貸倒れによる損失の額等の合計額から控除する金額：(22)に係る売掛債権等が当期においても個別評価の対象となった場合のその対象となった金額	24					
貸倒実績率の計算の基礎となる金額の明細	貸倒れによる損失の額等の合計額から控除する金額：(23)又は(24)に金額の記載がある場合の(22)の金額	25					

法 0301−1101

13 一括評価金銭債権に対する貸倒引当金の設定のしかた

➔一括評価金銭債権に対する貸倒引当金は貸倒実績率により算定する

一括評価金銭債権に対する貸倒引当金の繰入額は、その債権金額の帳簿価額の合計額に貸倒実績率を乗じて算定します。貸倒実績率は、過去3年間の貸倒損失や個別評価金銭債権に対する貸倒引当金の繰入額等により算定します。

一括評価金銭債権に対する貸倒引当金の繰入限度額の算定のしかた

一括評価金銭債権に対する貸倒引当金の繰入限度額は、次のように算定します。

＊貸倒引当金の繰入限度額＝事業年度末の一括評価金銭債権の帳簿価額×貸倒実績率

1 貸倒実績率の算定のしかた

上記算式にある貸倒実績率は、下記①の金額に占める②の金額の割合をいいます。小数点以下4位未満の端数は切り上げます。なお、月数は暦に従って計算し、1か月に満たない端数が生じたときは1か月とします。

①前3年内の事業年度末における一括評価金銭債権の帳簿価額の合計額を、その前3年内事業年度の事業年度の数で除して計算した金額

②前3年内の事業年度における貸倒損失等の額の合計額に12を乗じ、これを前3年内事業年度の事業年度の月数の合計数で除して計算した金額

貸倒実績率 ＝ 過去3年間の貸倒損失等の額の合計額×12÷各事業年度の月数合計 ÷ 過去3年間の一括評価金銭債権の簿価合計額÷事業年度の数

2 貸倒損失等の額（左記②）の算定のしかた

＊貸倒損失等の額＝貸倒損失の額＋個別評価金銭債権に対する貸倒引当金繰入額－個別評価金銭債権に対する貸倒引当金戻入額	
個別貸倒引当金繰入額の範囲	①損金算入されている金額に限定される ②適格分割等の場合の期中の個別貸倒引当金繰入額を含む ③売掛債権等以外の金銭債権にかかる金額を除く
個別貸倒引当金戻入額の範囲	①前事業年度に損金算入された個別貸倒引当金の金額で、貸倒損失が生じた売掛債権等または売掛債権等にかかる個別評価金銭債権についてのものに限る ②適格合併等により合併法人等が引き継ぎを受けた、上記①などの条件を満たす個別貸倒引当金戻入額を含む

一括評価金銭債権の範囲は

一括評価金銭債権に含まれるかどうかは、次のようになります。

含まれるもの	含まれないもの
①受取手形、売掛金、貸付金等 ②未収の譲渡代金、未収加工料、未収請負金、未収手数料、未収保管料、未収地代家賃等、貸付金の未収利子で、益金の額に算入されたもの ③他人のために立替払いをした場合の立替金 ④未収の損害賠償金で益金の額に算入されたもの ⑤保証債務を履行した場合の求償権など ⑥売掛金等について取得した受取手形を裏書譲渡した場合の売掛金等	①預貯金およびその未収利子、公社債の未収利子、未収配当等 ②保証金、敷金、預け金等 ③手付金、前渡金などのように資産の取得の代価または費用の支出に充てるために支出した金額 ④前払給料、概算払旅費、前渡交際費など、将来精算される費用の前払いとして一時的に仮払金、立替金等として経理されている金額 ⑤仕入割戻しの未収入金 ⑥雇用保険法等による給付金などの未収入金等

14 中小法人等の貸倒引当金の特例とは

➔中小法人等については、法定繰入率を適用できるなどの特例がある

中小法人等の一括評価金銭債権については、貸倒実績率に代えて法定繰入率を適用できるなどの特例があります。

特例が適用される中小法人等の範囲とは

貸倒引当金の特例が適用される中小法人等とは、各事業年度終了時における資本金の額または出資金の額が１億円以下の法人をいいますが、資本金の額等が１億円以下でも、次の法人は除かれます。

①次に掲げる大法人との間に、その大法人による完全支配関係がある普通法人（大法人の100％子会社等）

イ　資本金の額または出資金の額が５億円以上である法人

ロ　相互会社

ハ　受託法人

②複数の大法人との間で完全支配関係がある場合の普通法人

③保険業法に規定する相互会社

一括評価金銭債権に対する貸倒引当金の繰入額の限度額の特例

中小法人等については、一括評価金銭債権（連結完全支配関係がある連結法人に対して有する金銭債権を除く）に対する貸倒引当金の繰入限度額を、次のように算定することができます。

＊貸倒引当金の繰入限度額＝(事業年度末の一括評価金銭債権の帳簿価額－実質的に債権とみなされないものの金額)×法定繰入率

❶法定繰入率はどのようになっているか

中小法人等に適用される法定繰入率は、次のとおりです。

業種区分	法定繰入率
卸売および小売業（飲食店業および料理店業を含み、割賦販売小売業を除く）	10／1,000
製造業（電気業、ガス業、熱供給業、水道業および修理業を含む）	8／1,000
金融および保険業	3／1,000
割賦販売小売業、包括・個別信用購入あっせん業	13／1,000
上記以外の事業	6／1,000

（注）上表の業種区分は、原則として日本産業標準分類により判定する。

❷実質的に債権とみなされないものの金額

買掛金など、その債務者から受け入れた金額があるため、その全部または一部が実質的に債権とみなされない金額は、一括評価金銭債権の額から除かれます。その範囲については、個別評価金銭債権に対する貸倒引当金についての取扱い（75ページ参照）と同じです。

平成10年4月1日に存在する法人についての簡便計算

平成10年4月1日に存在する法人は、金銭債権のうち、実質的に債権とみなされない金額を、次のように計算することができます。

＊実質的に債権とみなされない金額＝事業年度末の一括評価金銭債権の額×（分母と同期間における債権とみなされない部分の金額の合計額÷平成10年4月1日から平成12年3月31日までの間に開始した各事業年度末の一括評価金銭債権の額の合計額）

（注）上記の割合は、小数点以下3位未満の端数を切り捨てて計算する。

15 一括貸倒引当金の申告はこうする

債権とみなされない金額の算定は、原則と特例のうち有利なほうを選択

一括評価金銭債権に対して貸倒引当金を設定する場合、中小法人等の特例が適用されるときは、貸倒実績率や実質的に債権とみなされない金額の算定については、原則どおりの計算方法と、特例計算のうち、有利な計算方法を選択します。

一括貸倒引当金の申告の例

❶一括貸倒引当金繰入額　当社は資本金8,000万円で製造業を営んでいます。決算上の一括貸倒引当金繰入額は1,500,000円です。

❷債権の期末残高

・受取手形 35,800,000円（うち、同債務者への支払手形 10,500,000円）
・売掛金　 64,382,000円（うち、個別貸倒引当金 5,500,000円）
・未収入金 22,715,000円（うち、未収配当金 600,000）
・立替金　 13,299,000円（うち、概算払旅費 723,580円）
・貸付金　 57,000,000円（うち、同債務者にかかる買掛金 3,000,000円）

❸過去3年間の一括評価金銭債権の額と貸倒損失等の額

・金銭債権の額	172,549,000円	貸倒損失の額	1,378,000円
・　同上	193,268,000円	同上	1,291,000円
・　同上	184,317,000円	個別貸倒引当金	1,524,000円

❹基準年度（平成10年4月1日から平成12年3月31日までに開始した各事業年度末）における一括評価金銭債権の額と、実質的に債権とみなされないものの額

・平成11年3月期	145,255,000円	23,545,000円
・平成12年3月期	138,794,000円	19,932,000円

◆一括貸倒引当金の損金算入に関する明細書の記入例

①

一括評価金銭債権に係る貸倒引当金の損金算入に関する明細書

事業年度又は連結事業年度	X1・4・1 X2・3・31	法人名	(株)齋藤工業 (　　)

別表十一(一の二)　平二十四・四・一以後終了事業年度又は連結事業年度分

区分	項目	番号	金額
	当期繰入額	1	1,500,000円
繰入限度額の計算	期末一括評価金銭債権の帳簿価額の合計額 (26の計)	2	186,372,420
	貸倒実績率 (19)	3	0.0077
	実質的に債権とみられないものの額を控除した期末一括評価金銭債権の帳簿価額の合計額 (28の計)	4	172,872,420円
	法定の繰入率	5	8/1,000
	繰入限度額 ((2)×(3))又は((4)×(5)) 〔有利なほうを選択〕	6	1,435,068円
	経過措置の適用を受ける場合の繰入限度額 (6)×(25%、50%又は75%)	7	
	公益法人等・協同組合等の繰入限度額 (6)×116又は112/100	8	
	繰入限度超過額 (1)－((6)、(7)又は(8))	9	64,932

区分	項目	番号	金額
貸倒実績率の計算	平成23年改正令附則第5条第2項の規定の適用	10	有・(無)
	前3年内事業年度（設立事業年度である場合には当該事業年度又は連結事業年度）末における一括評価金銭債権の帳簿価額の合計額	11	550,134,000円
	(11)／前3年内事業年度における事業年度及び連結事業年度の数	12	183,378,000
前3年内事業年度（設立事業年度である場合には当該事業年度）又は連結事業年度の貸倒れによる損失の額等の合計額	令第96条第6項第2号イの貸倒れによる損失の額の合計額	13	2,669,000円
	損金の額に算入された令第96条第6項第2号ロの金額の合計額	14	1,524,000
	損金の額に算入された令第96条第6項第2号ハの金額の合計額	15	
	益金の額に算入された令第96条第6項第2号ニの金額の合計額	16	
	貸倒れによる損失の額等の合計額 (13)＋(14)＋(15)－(16)	17	4,193,000
	(17)×12／前3年内事業年度における事業年度及び連結事業年度の月数の合計	18	1,397,667
	貸倒実績率 (18)/(12)（小数点以下4位未満切上げ）	19	0.0077

一括評価金銭債権の明細

勘定科目	期末残高	売掛債権等とみなされる額及び貸倒否認額	(20)のうち税務上貸倒れがあったものとみなされる額及び売掛債権等に該当しないものの額	個別評価の対象となった売掛債権等の額及び非適格合併等により合併法人等に移転する売掛債権等の額	法第52条第1項第3号に該当する法人の令第96条第9項各号の金銭債権以外の金銭債権の額	連結完全支配関係がある連結法人に対する売掛債権等の額	期末一括評価金銭債権の額 (20)＋(21)－(22)－(23)－(24)－(25)	実質的に債権とみられないものの額	差引期末一括評価金銭債権の額 (26)－(27)
	20	21	22	23	24	25	26	27	28
受取手形	35,800,000円	円	円	円	円	円	35,800,000円	10,500,000円	25,300,000円
売掛金	64,382,000			5,500,000			58,882,000		58,882,000
未収入金	22,715,000		600,000				22,115,000		22,115,000
立替金	13,299,000		723,580				12,575,420		12,575,420
貸付金	57,000,000						57,000,000	3,000,000	54,000,000
計	193,196,000		1,323,580	5,500,000			186,372,420	13,500,000	172,872,420

基準年度の実績により実質的に債権とみられないものの額を計算する場合の明細

項目	番号	金額	項目	番号	金額
平成10年4月1日から平成12年3月31日までの間に開始した各事業年度末の一括評価金銭債権の額の合計額	29	284,049,000円	債権からの控除割合 (30)/(29)（小数点以下3位未満切捨て）	31	0.153
同上の各事業年度末の実質的に債権とみられないものの額の合計額	30	43,477,000	実質的に債権とみられないものの額 (26の計)×(31)	32	28,514,980円

法 0301－1101－2

御注意

「5」欄の「□/1,000」の分子の空欄には、各事業年度終了の時において租税特別措置法第57条の10第1項に規定する中小法人に該当するものが、同項の規定の適用を受ける場合に、その営む主たる事業の区分に応じて次の割合に係る分子の数を記載します。
(1) 卸売及び小売業（飲食店業及び料理店業を含みます。）10/1,000　(2) 製造業（電気業、ガス業、熱供給業、水道業及び修理業を含みます。）8/1,000　(3) 金融及び保険業 3/1,000　(4) 割賦販売法に規定する割賦販売小売業及び割賦購入あっせん業 13/1,000　(5) その他の事業 6/1,000

16 税制改正で貸倒引当金はどうなる？

➡一般の事業会社は原則として税務上の貸倒引当金の計上が不可能となる

■貸倒引当金の改正内容はどうなっている？

平成24年４月１日以後に開始した事業年度より、貸倒引当金を計上できる法人が、次の①～⑤の法人に限定されます。

適用法人	対象となる金銭債権
①一定の中小法人等（80ページ参照） ②銀行　③保険会社 ④証券会社など、②③に準ずる一定の法人	改正前と同じ
⑤金融に関する取引にかかる金銭債権を有する一定の法人（①～④の法人を除く）	一定の金銭債権に限定

上記⑤の法人については、対象となる金銭債権が、次に掲げる法人の区分ごとに、その業務に直接関わる金銭債権などに細かく限定されます。

イ　リース取引によりリース資産の売買があったとされる場合の、リース資産の対価の額にかかる金銭債権を有する内国法人	
ロ　金融商品取引業者	ハ　質屋
ニ　登録包括信用購入あっせん業者	
ホ　登録個別信用購入あっせん業者	
ヘ　銀行または保険会社の子会社等で金銭債権の取得・譲渡を行なう者	
ト　貸金業者	チ　信用保証業者

■税制改正の経過措置

この改正により、中小法人等以外の一般企業は、税務上の貸倒引当金の計上ができなくなりますが、経過措置があります。

次の各事業年度については、従前の規定により計算した、個別貸倒引当金繰入限度額または一括貸倒引当金繰入限度額に、次に掲げるそれぞれの割合を乗じた金額を、繰入限度額とすることができます。

経過措置事業年度	割合
平成24年4月1日～平成25年3月31日に開始する事業年度	4分の3
平成25年4月1日～平成26年3月31日に開始する事業年度	4分の2
平成26年4月1日～平成27年3月31日に開始する事業年度	4分の1

■経過措置を適用する際のポイント

(1) 左記①～④の法人が、上記の経過措置を適用すると、原則として、改正後の規定を適用するより、繰入限度額が小さくなります。

(2) 左記⑤の法人の場合、限定前の対象金銭債権に経過措置を適用するか、限定後の対象金銭債権について改正後の規定を適用するかによって、繰入限度額に違いが生じます。そこで、経過措置事業年度では、個別評価金銭債権は金銭債権ごとに、一括評価金銭債権は事業年度ごとに、経過措置と改正後の規定とを選択適用することができます。

■貸倒実績率の算定上のポイント

(1) 左記⑤の法人は、経過措置事業年度および平成27年4月1日以後最初に開始する事業年度に限り、特例の適用を受ける旨を確定申告書等に記載することにより、当該開始の日に設立したものとして、一括貸倒引当金繰入限度額の算定をすることができます。

(2) 前3年内事業年度等に中小法人等に該当しない事業年度がある場合、該当するものとした場合の貸倒引当金の繰入額の損金算入額および戻入額の益金算入額を、実際の貸倒引当金の繰入額の損金算入額および戻入額の益金算入額とみなして、貸倒実績率を計算します。

17 税務上の貸倒損失を計上できる場合とは

➔税務上、貸倒損失を計上できる場合は限定されている

税務上、貸倒損失を損金として計上できるのは、債権の全部または一部が法的に切捨てになった場合など、次に掲げる場合に限定されます。また、貸倒損失を計上できるのは、これらの事実が発生したときなので、貸倒損失の計上を失念しても、翌年度で計上することは認められません。

金銭債権の全部または一部の切捨てをした場合の貸倒損失の計上

金銭債権について、次に掲げる事実が発生した場合、その金銭債権の額のうち切り捨てられることとなった金額は、その事実の発生した日の属する事業年度に貸倒損失として損金算入します。

①更生計画認可の決定または再生計画認可の決定

②特別清算にかかる協定の認可の決定

③法令の規定による整理手続きによらない関係者の協議決定

イ　債権者集会の協議決定で、合理的な基準により債務者の負債整理を定めているもの

ロ　行政機関または金融機関その他の第三者のあっせんによる当事者間の協議により締結された契約で、その内容がイに準ずるもの

④債務者の債務超過の状態が相当期間継続し、その金銭債権の弁済を受けることができないと認められる場合において、その債務者に対し債務免除の書面を送付したとき

回収不能の金銭債権の貸倒損失の計上

金銭債権について、その債務者の資産状況や支払能力などにより、その全額が回収できないことが明らかになった場合、その明らかになった事業年度に貸倒損失として損金経理をすることができます。ただし、その金銭

債権について担保物や債務保証があるときは、その担保物の処分後または保証債務の履行後に、貸倒損失として損金経理をすることになります。

■売掛債権の一定期間取引停止後、弁済がない場合など

債務者について次に掲げる事実が発生した場合には、その債務者に対して有する売掛債権（売掛金、未収請負金などの債権をいい、貸付金などの債権を含まない）について、その売掛債権の額から備忘価額を控除した残額を貸倒損失として損金経理することができます。

①債務者との取引を停止したとき（最後の弁済期または最後の弁済のときが、停止をしたとき以後である場合は、これらのうち最も遅いとき）以後1年以上経過した場合（その売掛債権に担保物のある場合を除く）

この場合の取引の停止とは、継続的な取引を行なっていた債務者について、その資産状況や支払能力などが悪化したため、その後の取引を停止した場合をいうので、たとえば不動産取引のように、たまたま取引を行なった場合は含まない。

②同一地域の債務者について有する売掛債権の総額が、その取立てのために要する旅費などの費用の額に満たない場合において、債務者に対し支払いを督促したにもかかわらず、弁済がないとき

◘貸倒損失計上の税務処理のポイント

①債権の法的な切捨ての場合は、損金経理をしなくても申告減算が可能だが、その他の場合は損金経理が条件なので、申告減算はできない

②回収不能の場合は、債権の全額が回収不能であることが必要

③取引停止後、弁済がない売掛債権でも、担保のあるものは適用外

④税務上の要件を満たさない貸付金の貸倒損失200万円を、決算で計上した場合の申告調整のしかたは下記のとおり

［別表四］貸倒損失否認（加算・留保）2,000,000

［別表五（一）］「Ｉ利益積立金額」貸付金（当期増）2,000,000

18

子会社等に対する債権放棄損の取扱いは？

➡子会社等に対する債権放棄による損失は、寄附金課税の対象となる

子会社等に対する債権を放棄することによる損失は、その債権放棄をすることについて経済的合理性がなければ、寄附金課税の対象となるのが原則です。そこで、企業としては、税務上の要件を検討し、債権放棄による損失を通常の損金とする必要があります。

■子会社等を整理・再建する場合の債権放棄の取扱い

子会社等に対する債権を放棄した場合、その債権放棄について、次のような相当の理由があると認められる場合には、その債権放棄による損失の額は、寄附金の額に該当せず、損金となります。

①その子会社等の解散、経営権の譲渡等にともない債権放棄をした場合、その債権放棄をしなければ、今後より大きな損失を被ることになることが、社会通念上明らかであると認められるとき

②業績不振の子会社等に対して債権放棄をした場合、その債権放棄が、その子会社等の倒産防止のために行なわれ、合理的な再建計画に基づくものであるとき

◆対象となる子会社等の範囲

①子会社等には、その法人と資本関係を有する者のほか、取引関係、人的関係、資金関係等において事業関連性を有する者が含まれる

②一般的には、子会社等が債務超過などの状態にあり、資金繰りが逼迫している場合などが該当する。債務超過以外でも、事業遂行に不可欠な登録等が、一定の財産的基礎を満たす必要がある場合なども含む

◆子会社等に対する債権放棄損の税務処理

債権放棄	経済合理性あり →	（借）債権放棄損 500 （貸）貸付金等 500
	経済合理性なし →	（借）寄附金 500 （貸）貸付金等 500

◆経済合理性のある債権放棄かどうかの判断のポイント

①損失負担等を受ける者は、「子会社等」に該当するか

②子会社等は経営危機に陥っているか（倒産の危機にあるか、あるいは倒産に至らないまでも、債権放棄せずに放置した場合、今後より大きな損失を被ることが、社会通念上明らかか）

③損失負担等を行なうことは相当か（支援者に相当な理由はあるか）

④損失負担等の額（支援額）は合理的か（過剰支援になっていないか）

⑤整理・再建管理はなされているか（その後の子会社等の立ち直り状況に応じて支援額を見直すこととされているか）

　なお、子会社等の整理の場合には、一般的に管理の必要はないが、整理に長期間を要するときは、その整理計画の実施状況の管理を行なうこととしているかどうかを検討する

⑥損失負担等をする支援者の範囲は相当か（特定の債権者等が意図的に加わっているなどの恣意性がないか）

⑦損失負担等の額の割合は合理的か（特定の債権者だけが不当に負担を重くしたり、免れていたりしていないか）

◆損失負担（支援）額の合理性の判断ポイント

①損失負担（支援）額が、子会社等を整理するため、または経営危機を回避し再建するための必要最低限の金額とされているか

②子会社等の財務内容、営業状況の見通しなど、および子会社等の自己努力（遊休資産の売却、経費の節減、増減資など）を加味しているか

4章

有価証券投資の経理処理

有価証券とは一般的には財産権が表わされた証券で、権利の行使や移転にその証券が必要なものをいい、売買目的の有価証券、証券投資信託から子会社株式まで、多様なものがあります。この章では、有価証券投資に関する経理処理として、取得価額や譲渡損益の算定、投資収益としての受取配当金等の取扱い、有価証券の評価損の取扱いなどを解説します。

1 有価証券とはどこまでのものを指すか

➔有価証券とは、金融商品取引法の有価証券の範囲を基準とする

有価証券にはさまざまな種類があるので、有価証券の経理処理方法が適用される範囲を確認する必要があります。

■会計上の有価証券の範囲とは

金融商品会計基準では、有価証券の範囲を“金融商品取引法で定義されている有価証券”としています（次ページ参照）。ただし、有価証券の会計処理の観点から、次の例外的な取扱いを定めています。

①金融商品取引法で定義される有価証券以外でも、会計上の有価証券として取り扱われるもの…**国内ＣＤ**（**譲渡性預金証書**）。ＣＤとは、預金者が第三者に譲渡できる銀行の預金証書のこと

②金融商品取引法で定義される有価証券でも、会計上の有価証券として取り扱われないもの…投資信託等以外の一定の信託受益権（金融商品取引法２条２項１号と２号に該当するもの）

■税務上の有価証券の範囲とは

法人税法でも会計上と同様に、有価証券の範囲を、金融商品取引法第２条第１項に規定する有価証券およびこれに準ずるものとしています（次ページ参照）。

有価証券に準ずるものには、次のものが含まれます。

①ＣＤ（譲渡性預金証書）

②合名会社・合資会社・合同会社の社員の持分、協同組合等の組合員または会員の持分その他法人の出資者の持分

③投資法人の社員・特定社員・優先出資社員等となる権利

◘金融商品取引法２条１項に規定する有価証券の範囲

①国債証券
②地方債証券
③特別の法律により法人の発行する債券（④⑪を除く）
④資産の流動化に関する法律の特定社債券
⑤社債券（相互会社の社債券を含む）
⑥特別の法律により設立された法人の発行する出資証券（⑦⑧⑪を除く）
⑦協同組織金融機関の優先出資に関する法律の優先出資証券
⑧資産の流動化に関する法律の優先出資証券、新優先出資引受権を表示する証券
⑨株券、新株予約権証券
⑩「投資信託及び投資法人に関する法律」の投資信託、外国投資信託の受益証券
⑪「投資信託及び投資法人に関する法律」の投資証券、投資法人債券、外国投資証券
⑫貸付信託の受益証券
⑬「資産の流動化に関する法律」の特定目的信託の受益証券
⑭信託法の受益証券発行信託の受益証券
⑮法人が事業に必要な資金を調達するために発行する約束手形のうち、内閣府令で定めるもの（コマーシャルペーパー）
⑯抵当証券法の抵当証券
⑰外国または外国の者の発行する証券または証書で、①から⑨、⑫から⑯までに掲げる証券または証書の性質を有するもの（⑱を除く）
⑱外国の金銭の貸付けを業務として行なう者の貸付債権を信託する信託の受益権や、これに類する権利を表示するもののうち、内閣府令で定めるもの
⑲オプションを表示する証券または証書で一定のもの
⑳上記に掲げる証券または証書の預託を受けた者が、当該証券または証書の発行された国以外の国において発行する証券または証書等
㉑外国法人が発行する譲渡性預金証書や学校法人が発行する債券等

2 有価証券の会計上の区分はどうなっているのか

➔会計処理や帳簿価額の算定などは有価証券の区分ごとに行なう

会計上、有価証券は保有目的に応じて次のように区分され、有価証券の期末処理などの会計処理は、その区分ごとに行なわれます。

■売買目的有価証券とは

売買目的有価証券とは、時価の変動により利益を得ることを目的として保有する有価証券です。短期間の価格変動により利益を得ることを目的としているので、通常は同一銘柄に対して相当程度の反復的な購入と売却を行なうような、いわゆるトレーディング目的の有価証券が該当します。

一般に、企業が保有する有価証券を売買目的有価証券として分類するためには、有価証券売買を事業としていることを定款に記載し、かつ、トレーディング業務が独立の部署で行なわれていることが必要です。しかし、定款上の記載や独立部署がなくても、有価証券の売買を頻繁に繰り返している場合は、その有価証券を売買目的有価証券に区分します。

■満期保有目的の債券とは

債券を**満期保有目的の債券**に分類するためには、あらかじめ償還日が定められ、かつ、額面金額による償還が予定されていることが必要です。

また「満期まで保有する」とは、償還期限まで所有する積極的な意思と能力が必要で、その意図は取得時点で判断されます。したがって、保有期間をあらかじめ決めていない場合や、将来の市場の状況などにより売却が予測される場合は、満期まで所有する意思があるとは認められません。

■子会社株式および関連会社株式とは

子会社株式および**関連会社株式**は、次の図のように、株式の所有者から見て、株式発行会社に対する議決権所有割合などに応じて判断される株式です。たとえば議決権の過半数（50％超）を所有している会社等の株式は、子会社株式となります。

```
┌─────────── 株式発行会社に対する議決権所有割合 ───────────┐
│  15%   15%  20%   20%  40%   40%  50%                    │
│  未満  以上 未満   以上 未満   以上 以下    50％超         │
│   │     │          │          │            │             │
│   ▼     ▼          ▼          ▼            │             │
│ 該当   会社の方針            会社の意思     │             │
│ せず   決定に重要            決定機関を     │             │
│        な影響を与            支配してい     │             │
│        えられる              る             │             │
│           │         │         │            │             │
│           ▼         ▼         ▼            ▼             │
│         関連会社株式               子会社株式             │
└──────────────────────────────────────────────────────────┘
```

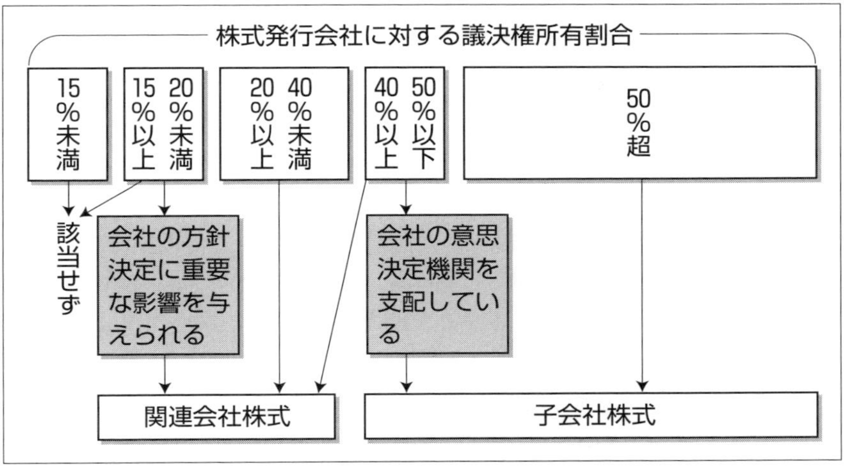

■その他有価証券とは

　その他有価証券は、売買目的有価証券、満期保有目的の債券、子会社株式および関連会社株式以外の有価証券をいいます。そのなかには、長期的な時価の変動により利益を得ることを目的として保有する有価証券や、業務提携などの目的で保有する有価証券が含まれるので、その他有価証券は長期的には売却することが想定される有価証券です。

◪有価証券の区分と貸借対照表の表示

有価証券の区分	貸借対照表の表示
売買目的有価証券	有価証券（流動資産）
満期保有目的の債券	投資有価証券（投資その他の資産） ［1年以内の満期到来分は有価証券］
子会社株式・関連会社株式	関係会社株式（投資その他の資産）
その他有価証券	投資有価証券（投資その他の資産）

3 有価証券の取得価額はどのように算定するのか

➔有価証券の取得方法により取得価額の算定方法は異なる

有価証券を購入した場合における付随費用や、購入以外の方法で取得した場合における取得価額の算定などについて注意が必要です。

有価証券の購入のための付随費用とは

有価証券を購入した場合の取得価額は、購入手数料など、有価証券を取得するために要した付随費用の額を含めた金額となります。

＊有価証券の取得価額＝購入代価＋付随費用（※）

（※）通信費、名義書換料、外国有価証券の取得に際して徴収される有価証券取得税などの付随費用は、取得価額に含めないことができる。

有価証券を特に有利な金額で取得した場合は

1原則

時価と比較して有価証券を特に有利な金額で取得した場合（時価と払込金額との差額が時価の10%以上）、時価取引が原則のため、その取得価額は実際に払い込んだ金額ではなく、取得時の時価となります。

❶株式の取得　時価800,000の株式を500,000で取得しました。

❷会計処理　（借）有価証券　500,000　　（貸）現金預金　500,000

❸申告調整

［別表四］受贈益計上漏れ（加算・留保）300,000

［別表五（一）］「Ⅰ利益積立金額」有価証券（当期増）300,000

2例外（株主割当）

株主が有する株式の内容や数に応じて、株式や新株予約権が平等に与えられ、かつ、その株主等と内容の異なる株式を有する株主等との間においても経済的な衡平が維持される場合は、有価証券を特に有利な金額で取得しても（無償取得を含む）、実際の払込金額等が取得価額となります。

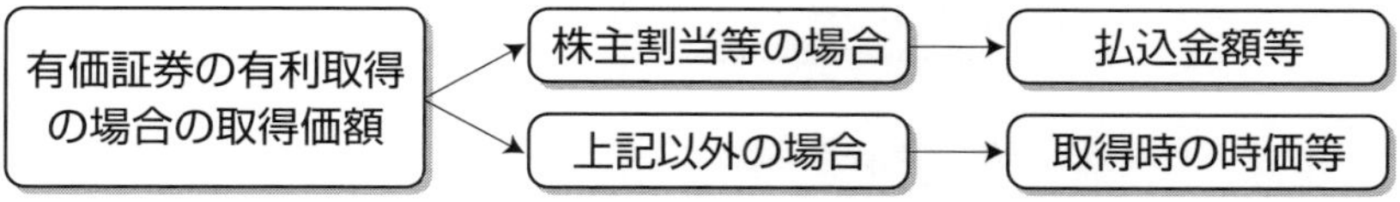

■公社債の経過利子の取扱いはどうする

国債、地方債、社債を、利子の計算期間の中途に購入し、直前の利払期からその購入時までの経過利子を支払ったときは、その経過利子を取得価額に含めずに前払金とし、有価証券利息と相殺することができます。

❶社債の取得　社債を500,000、経過利子1,200で取得しました。

❷経過利子を取得価額に含める場合

（借）有価証券　501,200　　（貸）現金預金　501,200

❸経過利子を取得価額に含めない場合

a：取得時（借）有価証券　500,000　　（貸）現金預金　500,000
　　　　　　　　前 払 金　　1,200　　　　　　現金預金　　1,200

b：利息の受取時（借）有価証券利息　1,200　（貸）前　払　金　1,200

■有価証券の取得価額のおもな算定方法

有価証券の取得価額のおもなケース別の算定方法をまとめます。

①金銭の払込みや金銭以外の資産の給付により取得した場合…有利発行などの場合を除き、その払込みをした金銭の額および給付をした金銭以外の資産の価額の合計額

②株式等を無償交付した場合…有利発行などの場合を除いて、ゼロ

③新株予約権付社債の新株予約権の行使（新株予約権付社債に付された新株予約権の行使により、取得の対価として、その取得する法人の株式が交付される場合）による場合…その行使直前の新株予約権付社債の帳簿価額に相当する金額（株式等の交付費用がある場合は取得価額に加算）

4 有価証券の譲渡損益の会計・税務処理のしかた

➡有価証券の譲渡損益は原則として約定日に計上する

有価証券を譲渡した場合には、譲渡対価と譲渡原価（96ページで解説した取得価額や、100ページで解説する1単位当たりの帳簿価額など）との差額を、譲渡損益として計上します。

有価証券の譲渡損益の算定と計上時期

有価証券を譲渡した場合、その譲渡損益は次のように算定されます。

＊有価証券の譲渡損益＝譲渡対価－譲渡原価－譲渡経費

譲渡損益は、会計上、原則として売買契約等の約定日に計上しますが（**約定日基準**）、売り手は約定日に売却損益のみを認識すればよい**修正受渡日基準**を適用することができます。税務上の計上時期も、原則的には会計基準と同じです。なお、税務上は有価証券の引渡しのあった日に計上することもできます。

◇約定日の具体例

①証券業者等に売却の委託をした場合…売却の取引成立日 ②相対取引の場合…売買契約書の締結日など取引の約定が成立した日 ③合併の場合…合併の効力が生ずる日（新設合併の場合は新設合併法人の設立登記の日）

損益計算書では、有価証券の売却損益は営業外損益、投資有価証券・関係会社株式の売却損益は原則として特別損益に計上します。税務上は譲渡損益を損金または益金に計上します。

有価証券の譲渡の会計処理の例

❶有価証券の譲渡　A社に対して次の条件で有価証券を譲渡しました。

・約定日　売買価額50,000（取得原価45,000）
・受渡日　約定日の３日後とし、受渡日が支払日

❷約定日基準による会計処理

［約定日］（借）未　収　入　金　50,000　　（貸）有　価　証　券　45,000
　　　　　　　　　　　　　　　　　　　　　　　　有価証券売却益　5,000

［受渡日］（借）現　金　預　金　50,000　　（貸）未　収　入　金　50,000

❸修正受渡日基準による会計処理

［約定日］（借）有　価　証　券　5,000　　（貸）有価証券売却益　5,000
　　　　◎売却損益のみを計上します。

［受渡日］（借）現　金　預　金　50,000　　（貸）有　価　証　券　50,000

❹受渡日基準による会計処理

［受渡日］（借）現　金　預　金　50,000　　（貸）有　価　証　券　45,000
　　　　　　　　　　　　　　　　　　　　　　　　有価証券売却益　5,000

■有価証券を無償または低い価額で譲渡した場合は

無償または低い価額で有価証券を譲渡した場合、原則として、その譲渡対価の額は譲渡時の時価により算定します。低廉譲渡の場合の税務処理例を紹介します。

❶低廉譲渡　時価500,000円の株式（帳簿価額250,000円）を300,000円で譲渡しました。

❷会計処理　（借）現　金　預　金　300,000　（貸）有　価　証　券　250,000
　　　　　　　　　　　　　　　　　　　　　　　　　有価証券売却益　50,000

❸申告調整　［別表四］有価証券売却益計上漏れ（加算・留保）200,000
　　　　　　［別表五（一）］「Ⅰ利益積立金額」未収入金（当期増）200,000

■クロス取引の場合は

譲渡人と譲受人との間で、有価証券を売却（または購入）した直後に、同一の有価証券を購入（または売却）し直すようなクロス取引が行なわれた場合は、売買がなかったものとして取り扱われます。

5 1単位当たりの有価証券の帳簿価額の算定のしかた

1単位当たりの帳簿価額は、譲渡原価などの基準となる

複数回にわたって有価証券を取得すると、取得価額が異なることがあります。それらの一部を売却する場合、売却原価が不明確になります。有価証券の譲渡損益を算出するのに計算上の売却原価が必要になるので、1単位当たりの帳簿価額を算定する必要があります。

会計上の1単位当たりの売却原価の算定のしかた

会計上、有価証券の1単位当たりの売却原価は、保有目的の区分により、移動平均法や総平均法などにより算定しますが、一定の有価証券については、次のように算定されます。

①満期保有目的の債券…償却原価法（118ページ参照）として利息法を採用している場合は、**先入先出法**（さきいれさきだしほう）（先に取得したものから順に譲渡される方法）などで算定されます。

②その他有価証券…**移動平均法**、**先入先出法**などで算定されます。

税務上の1単位当たりの帳簿価額の算定のしかた

有価証券の譲渡にかかる、1単位当たりの帳簿価額は、**移動平均法**または**総平均法**により算定されます。算定方法は、有価証券の区分ごとに（売買目的有価証券、満期保有目的等有価証券、その他有価証券の区分）、かつ、その種類ごと（金融商品取引法2条1項各号の区分。93ページ参照）に選定しますが、選定の届出をしない場合は、移動平均法が適用されます。

移動平均法および総平均法の算定方法

❶移動平均法

同じ銘柄の有価証券を取得するつど、平均単価を算定する方法です。

＊（取得直前の帳簿価額の合計額＋取得時の取得価額）÷有価証券の数

❷総平均法

同じ銘柄の有価証券を、期末に一括して平均単価を算定する方法です。

＊(期首の帳簿価額の合計額＋期中の取得価額の合計額）÷有価証券の総数

◇1単位当たりの帳簿価額の算定例

取　得　日	株数と取得価額	譲　渡　日	譲渡株数
X年2月10日	1,000株×@360		
X年8月24日	2,000株×@480		
		X年10月15日	1,500株
X年12月8日	500株×@650		

①移動平均法：(1,000×@360＋2,000×@480)÷3,000＝@440

②総平均法：(1,000×@360＋2,000×@480＋500×@650)÷3,500＝@470

◎譲渡時は収益のみ計上し、期末に損益計算する場合もあります。

③先入先出法：(1,000×@360＋500×@480)÷1,500＝@400

◇税務上の算定方法の選定等の届出

有価証券を取得したとき	①提出期限：確定申告書の提出期限まで ②所轄税務署宛の提出書類：「有価証券の一単位当たりの帳簿価額の算出方法の届出書」
選定方法を変更するとき	①提出期限：変更する事業年度開始の日の前日まで ②所轄税務署宛の提出書類：「有価証券の一単位当たりの帳簿価額の算出方法の変更承認申請書」

■信託している有価証券の取扱い

法人が、保有している有価証券と種類・銘柄が同じ有価証券を信託（金銭の信託および退職給付信託を除く）している場合、信託している有価証券と保有有価証券とを区分せず、1単位当たりの帳簿価額を算出します。

6 有価証券の保有による収益の取扱いはどうする？

➡株式等の受取配当金や公社債等の受取利子は、営業外収益に計上する

利子・配当収入の計上時期は

株式等の受取配当金や公社債の受取利子などは、原則として発生主義により、受取利子は期間の経過に従って、受取配当金はその金額が確定したとき、収益として計上します。ただし、下表のように、一定の条件により、入金があったときに収益に計上することもできます。

◇利子・配当収入の計上時期

利子収入	原則	利子の計算期間に従って計上（直近の利子の受取日の翌日から決算日までの経過利子を未収計上） （借）未収収益　XXX　（貸）受取利子　XXX
	例外	おもに金融・保険業を営む法人以外の法人は、継続適用を条件として、入金日に計上（入金基準）
配当収入	原則	配当等の額が確定した日（次ページ参照）
	例外	継続適用を条件として入金日

◇収益計上時期の留意事項

利子収入	①入金日の収益計上は、利子の支払期日が１年以内の一定の期間ごとに到来するものについて適用される ②借入金とその運用資産の有価証券が、ひも付きの見合関係にある場合には、借入金の支払利子と運用資産の受取利子を対応させて計上するので、入金日の収益計上は認められない
配当収入	入金基準が適用されるのは、配当等の支払いのために通常要する期間内に支払いを受けるものに限定されるので、長期間にわたり支払いがない場合は、入金日に収益計上することは認められない

◆「配当等の額が確定した日」とはいつか

区　分	確　定　日
剰余金の配当	配当の効力を生ずる日
利益の配当、剰余金の分配	配当・分配をする法人の社員総会等における、利益の配当・剰余金の分配に関する決議日。ただし、持分会社で定款に定めた日がある場合にはその日
特定目的会社の中間配当	中間配当について取締役の決定のあった日。ただし、中間配当の請求権の効力発生日として定められた日があるときは、その日
投資信託の期中の収益分配	収益の計算期間の末日とし、投資信託の終了または一部解約による収益の分配については、終了日または解約日
みなし配当（次ページ参照）	①合併の場合、合併の効力を生ずる日。ただし、新設合併（合併元は消滅し、1社の新しい企業が新設）の場合は、新設合併設立法人の設立登記の日 ②分割型分割（分割した事業を吸収する企業の株式が、分割元の株主に割り当てられる分割）の場合、分割の効力が生ずる日。また、新設分割（分割した事業を新設会社に承継させる分割）の場合は、新設分割設立法人の設立登記の日 ③資本の払戻しの場合、資本の払戻しによる剰余金の配当が効力を生ずる日 ④解散による残余財産の分配の場合、その分配の開始の日（分配が数回に分けて実施された場合は、それぞれの分配の開始の日） ⑤自己の株式・出資の取得の場合、その取得の日 ⑥出資の消却や払戻し、社員など出資者の退社・脱退による持分の払戻しなど、株式・出資をその発行法人が取得することなく消滅させる場合、これらの事実があった日 ⑦組織変更の場合、組織変更の効力を生ずる日

（注）法人が、配当落ち日（権利落ち日とも。配当の権利確定日の翌営業日。決算日の3営業日前）に未収配当金の見積計上をしている場合でも、その未収配当金の額は、未確定の収益として配当落ち日の属する事業年度の益金の額に算入されない。

7 税務特有の「みなし配当」とはどのようなものか

➡税務上、実質的な受取配当金とみなされるものを指す

会社法上の剰余金の配当等とされないものでも、税務上、実質的に**利益積立金等からの配当等**とみなされる額については、「**みなし配当**」として、通常の配当金と同様に、収益を計上する必要があります。利益積立金からの分配は、課税済みの金額からの配当と同じとみなせるからです。

みなし配当はどのように処理する？

株式等の発行法人から、一定の事由により、株主として金銭その他の資産の交付を受けた場合、その額が発行法人の資本金等（資本金＋税務上の資本剰余金）の額のうち、交付の基因となった株式等に対応する金額（次ページの表参照）を超えるときは、その超過額はみなし配当の額とされます。

●配当の受取り１　株式100株（帳簿価額@300）を、１株500で発行法人に相対で譲渡し、発行法人より１株120のみなし配当の通知がありました（ここでは源泉税の処理を除く。源泉税処理は110ページ参照）。

会計処理	税務処理
（借）現金預金　50,000 （貸）投資有価証券　30,000 投資有価証券売却益　20,000	（借）現金預金　50,000 （貸）投資有価証券　30,000 投資有価証券売却益　8,000 受取配当金　12,000
◎**申告調整**　［別表四］受取配当金計上漏れ（加算・留保）12,000 投資有価証券売却益否認（減算・留保）12,000	

◇税務処理では、みなし配当の額を受取配当金としています。

●配当の受取り２　帳簿価額75の保有株式に対して、その他資本剰余金を原資とする配当100を受けました。なお、みなし配当10の通知がありました。

❶会計処理　有価証券の区分（94ページ参照）により、次のように処理が異なります。

a：売買目的有価証券の場合（借）現金預金 100　（貸）受取配当金 100

b：上記以外の場合　（借）現金預金 100　（貸）投資有価証券 100

❷申告調整　bの場合、税務処理は受取配当金10、投資有価証券売却益15となり、次の申告調整が必要となります。

［別表四］受取配当金計上漏れ（加算・留保）10

投資有価証券売却益計上漏れ（加算・留保）15

［別表五（一）］「Ⅰ利益積立金額」投資有価証券（当期増）25

◘「資本金等の額のうち株式等に対応する金額」の算定のしかた

①合併の場合（適格合併を除く） $\dfrac{\text{事業年度末の資本金等の額}}{\text{事業年度末の発行済株式総数等}}$ × 被合併法人の株式数・出資金額
②分割型分割の場合（適格分割型分割を除く） $\dfrac{\text{分割直前の分割資本金額等（※）}}{\text{分割直前の発行済株式総数}}$ × 分割法人の株式数 （※）分割資本金額等とは、資本金等の額に、純資産の帳簿価額のうち、移転純資産の帳簿価額の占める割合を乗じた金額
③資本の払戻し、解散による残余財産の分配 $\dfrac{\text{払戻し等の直前の払戻等対応資本金等（※）}}{\text{払戻し等の株式総数}}$ × 払戻し等法人の株式数 （※）払戻等対応資本金等とは、直前の資本金等の額に、前事業年度末の純資産の帳簿価額のうち、減少した資本剰余金の額または残余財産の分配額の占める割合を乗じた金額
④自己株式の取得（※）、出資の消却等、組織変更の場合 $\dfrac{\text{取得等の直前の資本金等の額}}{\text{取得等の直前の発行済株式総数等}}$ × 取得等の対象となる株式数 （※）証券取引所や店頭売買などにおける購入、事業全部の譲受けなどによる取得の場合を除く

8 受取配当等の益金不算入制度とは

➡税務上、一定の受取配当金は二重課税の排除目的から益金算入されない

配当金は、法人の課税済利益の額から支払われるため、法人株主の受取配当金へ課税すると二重課税となります。そこで、法人株主の受取配当金を非課税とし、個人株主段階での清算課税を可能としています。

益金不算入となる受取配当金の範囲とは

益金不算入となる受取配当金は、次のものに限定されます。

①剰余金の配当（株式または出資にかかるものに限る。資本剰余金の額の減少にともなうものや、分割型分割によるものを除く）、利益の配当（分割型分割によるものを除く）、剰余金の分配（出資にかかるものに限る）の額

②特定目的会社の中間配当の額

③内国法人から受ける一定の証券投資信託の収益分配額

④みなし配当（自己株式取得予定株式等のみなし配当を除く）

なお、①④のうち、外国法人、公益法人等、人格のない社団から受けるものは益金不算入の適用はありません。

証券投資信託の収益分配の取扱いはどうなっている？

(1)　公社債投資信託、外国投資信託、特定株式投資信託、特定外貨建等証券投資信託などは、益金不算入の対象外となります。

(2)　上記以外の証券投資信託は、次の金額を受取配当金の金額とします。

①期中の収益分配額＝収益分配額×１／２

②信託の終了・解約の収益分配額＝(収益分配額－受益権の帳簿価額と元本相当額のうち多い金額)×１／２

なお、外貨建等証券投資信託のうち、特定外貨建等証券投資信託以外のものの収益分配額は、(2)①②の計算式の１／２を１／４で計算します。

受取配当金の益金不算入額とは

受取配当金の益金不算入額は、次の区分ごとの金額となります。

> ①完全子法人株式等（※１）：配当等の額の合計額
> ②関係法人株式等（※２）：配当等の額の合計額－対応する負債利子の額
> ③上記以外の株式等：（配当等の額の合計額－対応する負債利子の額）×50%

（※１）完全支配関係（100%所有）にある法人の株式等のこと。
（※２）持株比率25%以上である法人の株式等のこと。

短期所有株式等にかかる配当等の額の適用除外とは

みなし配当を除く配当等の額の元本である株式等を、その配当等の額の支払いにかかる基準日（信託の収益分配の場合は計算期間の末日）以前１か月以内に取得し、かつ、基準日後２か月以内に譲渡した場合は、その譲渡した株式等の配当等の額について、益金不算入の適用はありません。

> ＊適用除外となる配当金＝その株式の配当金×短期所有株式等（※）の数÷基準日の株式数
> （※）短期所有株式等の数＝基準日後２か月以内の譲渡株式数×②／①
> ①基準日に保有する株式数＋基準日後２か月以内に取得した株式数
> ②基準日に保有する株式数×ロ／イ
> イ：基準日から起算して１か月前の日に保有する株式数＋基準日以前１か月以内に取得した株式数
> ロ：基準日以前１か月以内に取得した株式数

たとえば、下記の益金不算入の適用除外分は、50,000円×短期所有株式等の数10株／800株＝625円となります。

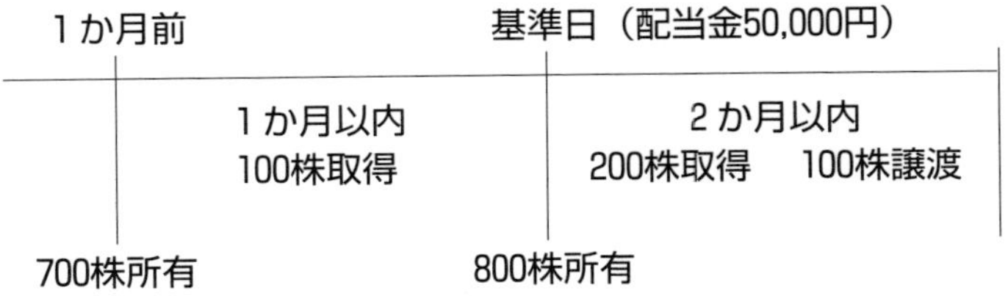

9 受取配当等の益金不算入の申告のしかた

➔受取配当金の益金不算入制度の適用は申告書記載と書類保存が要件

益金不算入制度の適用を受けるには、確定申告書、修正申告書、更正請求書に、別表八（一）「受取配当等の益金不算入に関する明細書」を添付することが必要です。この場合、申告書に記載された益金不算入額を、別表四「減算」の「受取配当等の益金不算入額」に転記します。

申告の際の留意事項は、次のとおりです。

(1)　役員等の名義株等の受取配当金も益金不算入の適用があります。

(2)　配当は出資に関するものに限定され、事業分量配当金（出資者が当該事業を利用した量に応じて受ける配当）などは対象となりません。

(3)　金銭以外の資産による配当等の額は、配当確定日の時価とします。

■負債利子の計算のしかた

益金不算入額の算定上、負債利子の額は下記のいずれかの方法で計算します。負債利子とは、手形の割引料、金銭債務の償還差損の額など経済的な性質が利子に準ずるものを含みますが、売上割引料は含まれません。

①控除対象の負債利子の額＝負債利子の合計額×該当する株式の帳簿価額÷総資産帳簿価額

②控除対象の負債利子の額＝負債利子の合計額×基準年度の負債利子控除額の比率

（注）基準年度の比率は平成22年4月1日に存在する法人に適用され、平成22年4月1日から平成24年3月31日までの2年間に開始する各事業年度を基準年度として、次の比率を使用します。

＊基準年度の負債利子控除額の比率＝基準年度の控除対象の負債利子の額（上記①の方法により算定）÷基準年度の負債利子の合計額

◆受取配当等の益金不算入に関する明細書の記入例

受取配当等の益金不算入に関する明細書

事業年度	X1・4・1 X2・3・31	法人名	(株)齋藤工業

別表八(一) 平二十四・四・一以後終了事業年度分

当年度実績により負債利子等の額を計算する場合

区分		番号	金額
完全子法人株式等に係る受取配当等の額(36の計)		1	1,260,000円
関係法人株式等	受取配当等の額(39の計)	2	600,000
関係法人株式等 負債利子等の額の計算	当期に支払う負債利子等の額	3	3,140,000
	連結法人に支払う負債利子等の額	4	
	特別利子の額	5	
	国外支配株主等に係る負債の利子等の損金不算入額(別表十七(一)「28」、「29」、「30」又は「31」)	6	
	差引金額 (3)－(4)－(5)－(6)	7	3,140,000
	総資産価額(32の計)	8	510,900,000
	期末関係法人株式等の帳簿価額(33の計)	9	48,580,000
	受取配当等の額から控除する負債利子等の額 $(7)\times\frac{(9)}{(8)}$	10	298,573
その他株式等	受取配当等の額(43の計)	11	390,000
その他株式等 負債利子等の額の計算	期末その他株式等の帳簿価額(34の計)＋(35の計)	12	26,710,000
	受取配当等の額から控除する負債利子等の額 $(7)\times\frac{(12)}{(8)}$	13	164,160
受取配当等の益金不算入額 (1)＋((2)－(10))＋((11)－(13))×50%		14	1,674,347

基準年度実績により負債利子等の額を計算する場合

区分		番号	金額
完全子法人株式等に係る受取配当等の額(36の計)		15	1,260,000円
関係法人株式等	受取配当等の額(39の計)	16	600,000
関係法人株式等 負債利子等の額の計算	当期に支払う負債利子等の額	17	3,140,000
	特別利子の額	18	
	国外支配株主等に係る負債の利子等の損金不算入額(別表十七(一)「28」、「29」、「30」又は「31」)	19	
	差引金額 (17)－(18)－(19)	20	3,140,000
	平成22年4月1日から平成24年3月31日までの間に開始した各事業年度の負債利子等の額の合計額	21	5,628,000
	同上の各事業年度の関係法人株式等に係る負債利子等の額の合計額	22	469,632
	負債利子控除割合 $\frac{(22)}{(21)}$(小数点以下3位未満切捨て)	23	0.083
	受取配当等の額から控除する負債利子等の額 (20)×(23)	24	260,620円
その他株式等	受取配当等の額(43の計)	25	390,000
その他株式等 負債利子等の額の計算	(21)の各事業年度のその他株式等に係る負債利子等の額の合計額	26	278,853
	負債利子控除割合 $\frac{(26)}{(21)}$(小数点以下3位未満切捨て)	27	0.049
	受取配当等の額から控除する負債利子等の額 (20)×(27)	28	153,860円
受取配当等の益金不算入額 (15)＋((16)－(24))＋((25)－(28))×50%		29	1,717,450

当年度実績による場合の総資産価額等の計算

区分	総資産の帳簿価額 30	連結法人に支払う負債利子等の元本の負債の額等 31	総資産価額 (30)－(31) 32	期末関係法人株式等の帳簿価額 33	期末その他株式等の帳簿価額 株式及び出資等 34	期末その他株式等の帳簿価額 受益権の帳簿価額×50又は25/100 35
前期末現在額	263,400,000円	円	263,400,000円	24,290,000円	13,760,000円	円
当期末現在額	247,500,000		247,500,000	24,290,000	12,950,000	
計	510,900,000		510,900,000	48,580,000	26,710,000	

受取配当等の額の明細

完全子法人株式等	法人名	本店の所在地	受取配当等の額の計算期間	受取配当等の額 36
	齋藤商事(株)	神奈川県横浜市XX	・・	1,260,000円
			・・	
	計			1,260,000

関係法人株式等	法人名	本店の所在地	効力発生日までの保有期間	保有割合	受取配当等の額 37	左のうち益金の額に算入される金額 38	益金不算入の対象となる金額 (37)－(38) 39
	齋藤設計(株)	東京都新宿区		30%	600,000円	円	600,000円
	計				600,000		600,000

その他株式等	法人名又は銘柄	本店の所在地(証券投信にあっては、特定株式投信・外貨建等投信・その他投信の別) 40	受取配当等の額(その収入額×100、50又は25/100) 41	左のうち益金の額に算入される金額 42	益金不算入の対象となる金額 (41)－(42) 43
	ABC工業(株)	東京都千代田区XX	390,000円	円	390,000円
	計		390,000		390,000

法 0301－0801

御注意

1 「31」欄には、貸借対照表に計上されている特別償却準備金及び圧縮記帳に係る積立金の額を含めます。

2 「41」欄は、証券投資信託(公社債投資信託、外国投資信託及び特定外貨建等証券投資信託を除きます。)の収益の分配については、「40」欄の証券投資信託の区分に応じ、その収入額の $\frac{100}{100}$、$\frac{50}{100}$(1/2)又は $\frac{25}{100}$(1/4)に相当する金額を記載します。

(注1)14番と29番の金額のうち、大きい金額を益金不算入額とします。

(注2)5番と18番の特別利子は損害保険会社が申告する場合に記載します。

10 利子・配当収入にかかる源泉徴収税の税務処理は？

➡源泉徴収税はそれぞれ法人税や法人住民税から控除することができる

有価証券の利子・配当収入にかかる源泉徴収所得税は、法人税と所得税の二重課税となるため、法人税額から控除（**所得税額控除**）できます。また、源泉徴収住民税（利子割）も都道府県民税の法人税割から控除できます。

■控除の対象となる所得税とは

利子や配当等についての所得税の額は、原則としてその全額が所得税額控除の対象となりますが、次の収入にかかる所得税については、元本の所有期間に対応する部分の金額のみが所得税額控除の対象になります。

①公社債の利子

②剰余金の配当（資本剰余金の減少にともなうもの、および分割型分割によるものを除く）、利益の配当（分割型分割によるものを除く）、剰余金の分配（みなし配当を除く）

③特定目的会社の中間配当

④集団投資信託（合同運用信託を除く）の収益の分配

⑤一定の短期公社債以外の割引債の償還差益（償還を受ける者が、その償還を受ける事業年度に所得税額控除を受けることができる）

■元本所有期間に対応する所得税額の算定のしかた

利子配当等の元本を所有していた期間に対応する部分の所得税の額の計算方法は、次のいずれかの方法を事業年度ごとに選択します。

❶原則的な方法

元本の銘柄ごと、所有期間の月数ごとに次の算式により計算します。

＊控除額＝所得税額×（所有期間の月数÷利子配当等の計算期間の月数）

（注）月数は暦に従って計算し、1か月に満たない端数は1か月とする。また、所有割合は、小数点以下第3位未満の端数を切り上げる。

❷簡便法

元本を「公社債」「株式および出資」「集団投資信託の受益券」の3種類に区分し、かつ、これを計算期間が1年超のものと1年以内のものとに区分して、その区分のすべての元本について銘柄ごとに計算します。

＊控除額＝所得税額×［{A＋(B－A)×1／2（※)}／B］

（注）A＝利子配当等の計算期間の開始時の所有元本の数。
B＝利子配当等の計算期間の終了時の所有元本の数。
※計算期間1年以内のものは1／2、1年超のものは1／12。
所有割合は、小数点以下3位未満の端数を切り上げる。

❸控除対象の所得税額の算定例

所得税額1,500円、配当金の計算期間（4月1日～3月31日)、期首元本数2,000、期末元本数3,000（増加株数1,000株は11月1日に購入)。

①原則法1,208＝1,500×2,000／3,000＋(1,500－1,000)×5／12

（注）所得税額を年間保有分（1,000）と期中取得分（500）とに按分計算します。

②簡便法1,251＝1,500×［{2,000＋(3,000－2,000)×1／2}／3,000］

■法人税の所得税額控除の申告の例

❶受取配当　受取配当金5,000、源泉所得税750、住民税利子割250でした。

（借）	現金預金	4,000	（貸）受取配当金	5,000
	法人税、住民税及び事業税	1,000		

❷申告書の記載の流れ

①別表六（一）で控除対象の所得税額を算定　750

②別表四で控除対象所得税額等を所得金額に加算

・損金の額に算入した道府県民税利子割額（留保）　250

・法人税額から控除される所得税額（社外流出）　750

③別表一（一）で控除対象所得税額750を法人税額から控除

11 空売り、信用取引や貸借取引の処理のしかた

➡空売り・信用取引は有価証券の反対売買により決済する

有価証券の**空売り**（からうり）とは、有価証券を所有せずに売却することです。また、**信用取引**とは、証券業者等が顧客に信用を供与して行なう有価証券の売買取引です。有価証券の空売りや信用取引などでは、有価証券の反対売買を行なうことにより決済するので、それに対応した譲渡損益を決済取引の契約日に計上します。また、税務上、期末時点で未決済のものでも、決済したものとみなして損益の額を計上する必要があるので注意が必要です。

◆有価証券の空売りなどの場合の譲渡損益の算定

区　分	取引の内容	譲渡損益の計算式
空売り	有価証券を所有せずにその売却をし、その後にその有価証券と同じ銘柄の有価証券の買戻しをして決済をする取引	（売却した有価証券の１単位当たりの譲渡対価の額（※１）×買戻しをした有価証券の数）－買戻しをした有価証券のその買戻しにかかる対価の額
信用取引・発行日取引（※２）	有価証券の売却または買付けをし、その後にその有価証券と同じ銘柄の有価証券の買付けまたは売却をして決済する取引	売却した有価証券の売却にかかる対価の額－買付けをした有価証券の買付けにかかる対価の額

（※１）譲渡対価の額＝(空売有価証券の売却直前の帳簿価額＋売却した空売有価証券の売却にかかる対価の額)÷空売有価証券の総数
（※２）発行日取引とは、有価証券発行前にその有価証券を売買する取引。

信用取引の会計処理の例

❶有価証券の信用取引　時価100の有価証券を信用取引で取得しました。

（借）担保差入有価証券	100	（貸）信用取引未払金	100

❷売却　時価120になった時点で売却しました。

（借）信用取引未払金	100	（貸）担保差入有価証券	100
現金預金	20	有価証券運用損益	20

有価証券の貸借取引とは

有価証券の貸借取引は、有価証券を貸し出して資金を借り入れたり、有価証券の借り手が売却により資金を調達したりするなど、金融手段として利用されます。この場合、有価証券の**消費貸借**（同一銘柄の有価証券を返還）と**使用貸借**（同一の有価証券を返還）とがあり、使用貸借では原則として会計処理は不要ですが、消費貸借では注記などが必要です。

有価証券の貸借取引の会計処理の例

❶有価証券の貸借契約の締結　当社はB社と有価証券の貸借契約を結び、有価証券を差し出して現金を借り入れました。その有価証券は、帳簿価額200、時価180の売買目的有価証券で、借入金額は210です。借り手に有価証券の自由処分権はありません。

❷有価証券の受渡日

[当社]	（借）現金	210	（貸）借入金	210
[B社]	（借）貸付金	210	（貸）現金	210

◇有価証券の貸し手は、決算日に売買目的有価証券の時価評価を行なうとともに、自己の有価証券が拘束されているため、借入金に対する担保差入有価証券とみなして、その旨と貸借対照表価額を注記します。

❸有価証券の返還日

[当社]	（借）借入金	210	（貸）現金	210
[B社]	（借）現金	210	（貸）貸付金	210

❹B社に自由処分権がある場合　B社はこの有価証券を自己保有部分と担保差入部分とに区分し、その旨と貸借対照表日の時価を注記します。売却した場合、B社は保管有価証券の発生と同時に消滅の認識を行ないます。

12 発行会社が組織再編成をした場合の法人株主の税務処理

➡発行法人の組織再編成により新株を取得した場合は旧株の譲渡とされる

■合併・分割等により新株を取得したときの取扱い

株式等の発行法人が合併・分割等を行なったことで、法人株主が旧株の代わりに新株を取得した場合は、旧株の譲渡損益を計上するのが原則ですが、一定の合併等については旧株の譲渡損益の計上が繰り延べされます。

原則

(借)新株	500	(貸)旧　株	300
		譲渡益	200

➡

特例

(借)新株	300	(貸)旧株	300

■合併の場合の譲渡対価の取扱いは

合併により、法人株主に対して合併法人の株式または親法人の株式のみが交付された場合、譲渡対価の額は、旧株（被合併法人の株式）の合併直前の帳簿価額となり、譲渡損益の計上は繰延べされます。

■分割型分割の場合の譲渡原価等の取扱いは

(1)　分割型分割において、分割承継法人の株式またはその親法人の株式以外の資産が交付された場合、譲渡原価の額は、その旧株（分割法人の株式）の分割型分割直前の分割純資産対応帳簿価額（＊）となります。

(2)　一方、分割承継法人の株式またはその親法人の株式のみが交付された場合、譲渡対価の額および譲渡原価の額は、その旧株（分割法人の株式）の分割型分割直前の分割純資産対応帳簿価額（＊）となります。

＊分割純資産対応帳簿価額＝分割型分割の直前の旧株の帳簿価額×分割法人の分割前事業年度終了時の移転割合［(移転資産の帳簿価額－移転負債の帳簿価額)÷(総資産の帳簿価額－総負債の帳簿価額)］

■発行法人の組織再編成と新株の取得価額の算定のしかた

組織再編成による発行株式	取得価額
合併（※）により交付を受けた合併法人の株式またはその親法人の株式	被合併法人の株式の合併直前の帳簿価額（配当等の金額や新株の交付費用等がある場合は加算。以下、同様）
分割型分割（※）により交付を受けた分割承継法人の株式またはその親法人の株式	分割法人の株式の分割型分割の直前の帳簿価額に、移転割合を乗じた金額
適格分社型分割、適格現物出資により交付を受けた分割承継法人の株式、分割承継親法人の株式、被現物出資法人の株式	適格分社型分割、適格現物出資の直前の移転資産の帳簿価額から、移転負債の帳簿価額を減算した金額
株式交換（※）により交付を受けた株式交換完全親法人の株式またはその親法人の株式	株式交換完全子法人の株式の株式交換の直前の帳簿価額に相当する金額
適格株式交換または適格株式移転により取得した株式交換完全子法人または株式移転完全子法人の株式	①適格株式交換（移転）直前の株式交換（移転）…完全子法人の株主が50人未満の場合、株式交換(移転)完全子法人の株式の適格株式交換の直前の帳簿価額 ②適格株式交換（移転）直前の株式交換（移転）…完全子法人の株主が50人以上の場合、株式交換（移転）完全子法人の純資産の帳簿価額
株式移転（※）により交付を受けた株式移転完全親法人の株式	株式移転完全子法人の株式の株式移転の直前の帳簿価額に相当する金額

（※）合併法人、分割承継法人、株式交換（移転）完全親法人やその親法人（株式移転を除く）の株式以外の資産が交付されなかったものに限る。なお、株式以外の資産には、配当等や反対株主の株式買取請求により交付された金銭等を除く。

13 会計上の有価証券の期末処理のしかた

➡有価証券の期末処理は、その保有目的の区分ごとに行なう

金融商品会計基準では、有価証券を保有目的等の観点から、①売買目的有価証券、②満期保有目的の債券、③子会社株式および関連会社株式、④その他有価証券に区分し、それぞれの区分に応じて、期末評価額、評価差額等の処理を定めています。

売買目的有価証券の期末処理のしかた

売買目的有価証券は、投資者にとっての有用な情報が、有価証券の期末時点での時価に求められること、また、時価の変動に当たる評価差額が企業にとっての財務活動の成果と考えられることから、時価を期末評価額とし、評価差額は有価証券評価損益（営業外損益）として処理します。

ただし、売却損益と評価損益とを区別せず、運用損益として計上することもあります。

●期末処理　帳簿価額100,000の売買目的有価証券の期末時価が120,000となりました。

[期末時]	（借）	有　価　証　券	20,000	（貸）有価証券運用損益	20,000
[翌期首]	（借）	有価証券運用損益	20,000	（貸）有　価　証　券	20,000

満期保有目的の債券の期末評価のしかた

満期保有目的の債券は、時価が算定できるものであっても、満期まで保有することによる約定利息および元本の受取りを目的としていることなどから、取得原価を期末評価額とします。

ただし、債券を債券金額より低い（または高い）価額で取得した場合、取得価額と債券金額との差額の性格が金利の調整と認められるときは、償却原価法（118ページ参照）により算定された価額を期末評価額とします。

子会社株式および関連会社株式の期末評価のしかた

子会社株式は事業投資と同じく時価の変動を財務活動の成果とは捉えないこと、関連会社株式は他企業への影響力の行使を目的として保有することから、事業投資と同様の会計処理を行なうことが適当であるため、子会社株式および関連会社株式は取得原価を期末評価額とします。

その他有価証券の期末処理のしかた

その他有価証券は、売買目的有価証券と、子会社株式および関連会社株式との中間的な性格を有するものとして、一括して捉えることが適当であることから、時価を期末評価額とし、評価差額は洗い替え方式に基づいて、次のいずれかの方法により処理します。原則は次の①ですが、②は継続適用を条件として認められます。

①評価差額の合計額を純資産の部に計上する方法（**全部純資産直入法**）

②時価が取得原価を上回る銘柄にかかる評価差額は純資産の部に計上し、時価が取得原価を下回る銘柄にかかる評価差額は投資有価証券評価損（営業外費用または特別損失）として処理する方法（**部分純資産直入法**）

◆会計上の有価証券の期末評価額

区　分	期末評価額
①売買目的有価証券	期末時価
②満期保有目的の債券	取得原価または償却原価
③子会社株式および関連会社株式	取得原価
④その他有価証券	期末時価（※１、２）

（※１）その他有価証券は、ただちに売却することを目的としているものではなく、市場の短期的な価格変動の反映は必ずしも求められないので、継続適用を条件に、期末前１か月の市場価格の平均に基づいて算定された価額を期末時価とすることができる。

（※２）時価を把握することがきわめて困難な場合は、債券は債権に準じて評価し、債券以外の有価証券は取得原価を期末評価額とする。

14 満期保有目的の債券の会計処理のしかた

➡債券の償却原価法による会計処理では利息法と定額法の２つがある

■利息法と定額法

満期保有目的の債券の会計処理には、取得差額を受渡日から償還日までにわたって期間配分する**償却原価法**という方法があり、この償却原価法には、利息法と定額法という２つの処理方法があります。

❶利息法（原則）

債券のクーポン（利息のこと）受取総額と、金利調整差額（取得価額と額面価額の差額）の合計額を、債券の帳簿価額に対し一定率（以下「**実効利子率**」という）となるように、複利で各期の損益に配分する方法をいい、配分額とクーポン計上額との差額を帳簿価額に加減します。

❷定額法

債券の金利調整差額を取得日から償還日までの期間で除して各期の損益に配分する方法で、配分額を帳簿価額に加減します。継続適用を条件として、簡便法である定額法を採用することができます。

■償却原価法による会計処理の例

❶社債の取得　額面10,000、クーポン利子率６％（年利）、利払日が９月末と３月末の社債を、満期保有目的で9,400にて取得しました。取得日X1年４月１日、満期日X4年３月31日、３月末決算です。

❷取得日	（借）	投資有価証券	9,400	（貸）現金預金	9,400
❸償還日	（借）	現金預金	10,000	（貸）投資有価証券	10,000

●定額法による会計処理

❹X1年９月30日	（借）	現金預金	300	（貸）有価証券利息	400
		投資有価証券	100		

◇300＝10,000×0.06×６か月／12か月

◇100＝(10,000－9,400)× 6 か月／36か月

●利息法による会計処理

❹実効利子率（r）の算定

300／(1＋r×1／2)＋……＋10,300／(1＋r×1／2)^6＝9,400　∴r＝8.3%

◇10,300＝満期日の受取利息300＋償還額10,000

❺償却原価の計算表

年月日	受取利子(a)	配分額(b)	償却額(c)=b－a	償却原価(d)
X1年 4 月 1 日				9,400
X1年 9 月30日	300	390	90	9,490
X2年 3 月 1 日	300	394	94	9,584
≀				
X4年 3 月31日	300	410	110	10,000
合計額	1,800	2,400	600	

b＝利払日直前の帳簿価額(償却額の加算後)×8.3%×1／2

d＝利払日直前の帳簿価額(償却額の加算後)＋(c)

❻X1年 9 月30日　(借) 現　金　預　金　300　(貸) 有価証券利息　390
　投資有価証券　90

▌税務上の償却原価法の算定のしかた

税務上の償却原価法では、額面金額と調整前の帳簿価額の差額に、次の❶または❷による調整割合を乗じた金額を調整差損益とし、調整差損益を調整前の帳簿価額に加減算するとともに、損金または益金に計上します。

❶当期末額面合計額（a）が、前期末額面合計額（b）を超える場合

＊調整割合＝{(a－b)×取得後日数割合(※)／a}＋{b×当期の日数割合／a}

(※) 当期の日数の２分の１÷(当期の日数の２分の１＋翌期以降の日数)

❷当期末額面合計額が前期末額面合計額以下の場合

＊調整割合＝当期の日数割合（会計上の定額法と同じ）

15 その他有価証券の評価差額の会計処理のしかた

➔全部純資産直入法と部分純資産直入法の２つの方法がある

その他有価証券の評価差額の会計処理には、全部純資産直入法と部分純資産直入法の２つの方法があります。それぞれの会計処理について、背景にある考え方や税効果会計の適用とともに、設例により会計処理を確認していきます。

全部純資産直入法の考え方

全部純資産直入法は、その他有価証券の評価差額の原則的な会計処理方法です。その他有価証券については、事業遂行上の必要性などから、ただちに売買・換金を行なうことには制約がある場合があること、国際的な会計処理例でも当期の損益に計上しないことなどから、評価差額をただちに当期の損益として処理することは適切ではないからです。

全部純資産直入法の会計処理の例

❶保有株式　当社はその他有価証券として次の株式を保有しています。なお、その他有価証券の帳簿価額と期末時価との差額は一時差異に該当し、税効果会計を適用します。実効税率は40％。

・A社株式　取得価額1,400　期末時価1,800

・B社株式　取得価額2,000　期末時価1,500

❷A社株式の期末の会計処理

（借）投資有価証券	400	（貸）繰延税金負債	160
		その他有価証券評価差額金	240

◎投資有価証券（評価差益）400＝1,800－1,400

◎繰延税金負債160＝400×40％

◎その他有価証券評価差額金240＝400－160

❸B社株式の期末の会計処理

（借）	繰延税金資産	200	（貸）投資有価証券	500
	その他有価証券評価差額金	300		

◇投資有価証券（評価差損）△500＝1,500－2,000

◇繰延税金資産200＝500×40%

◇その他有価証券評価差額金300＝500－200

❹洗替え処理　期首の洗替え処理により帳簿価額を取得原価とします。

（借）	投資有価証券	100	（貸）繰延税金資産	200
	繰延税金負債	160	その他有価証券評価差額金	60

部分純資産直入法の考え方

部分純資産直入法は継続適用を条件に認められるものです。それは、企業会計上、保守主義の観点から、これまで低価法に基づく銘柄別の評価差損の損益計算書への計上が認められてきたことを考慮したためです。

部分純資産直入法の会計処理の例

❶保有株式　前提条件は、前ページの全部純資産直入法の場合と同じです。

❷A社株式の期末の会計処理　全部純資産直入法と同じです。

❸B社株式の期末の会計処理

（借）	投資有価証券評価損	500	（貸）投資有価証券	500
	繰延税金資産	200	法人税等調整額	200

◇B社株式は評価差額がマイナスのため、当期損失として処理します。

❹洗替え処理　期首の洗替え処理により帳簿価額を取得原価とします。

［A社株式］	（借）	繰延税金負債	160	（貸）投資有価証券	400
		その他有価証券評価差額金	240		
［B社株式］	（借）	投資有価証券	500	（貸）投資有価証券評価益	500
		法人税等調整額	200	繰延税金資産	200

16 税務上の有価証券の期末処理のしかた

➔税務上、有価証券の期末処理は一定の区分ごとに行なう

税務上、有価証券の期末評価は、有価証券を売買目的有価証券と売買目的外有価証券とに区分し、売買目的有価証券については期末時価で評価し、売買目的外有価証券については取得原価で評価します。売買目的外有価証券の区分は、会計上の区分方法と異なるので注意が必要です。

売買目的有価証券とは

売買目的有価証券とは、短期的な価格の変動を利用して利益を得る目的の取引を専門的に行なう者が、短期売買目的でその取得取引を行なったもので、その取得日において短期売買目的で取得したものである旨を帳簿書類に記載したものです。これは会計上と同じ区分です。

売買目的外有価証券とは

売買目的有価証券以外の有価証券は、次のように区分します。

❶満期保有目的等有価証券

①**満期保有目的有価証券**…償還期限の定めのある有価証券（売買目的有価証券を除く）のうち、その償還期限まで保有する目的で取得し、かつ、その取得の日においてその旨を帳簿書類に記載したものです。

②**企業支配株式**…法人の特殊関係株主等が、その法人の発行済株式または出資（その法人が有する自己の株式または出資を除く）の総数または総額の20％以上の数または金額の株式または出資を有する場合の、その特殊関係株主等の有するその法人の株式または出資をいいます。

❷その他有価証券

売買目的有価証券、満期保有目的等有価証券以外の有価証券をいいます。

◆企業支配株式の特殊関係株主等の範囲

◎特殊関係株主等の範囲
a　法人が他の会社を支配している場合の他の会社
b　法人とaの特殊の関係のある会社が支配している他の会社
c　法人とbの特殊の関係のある会社が支配している他の会社
◎「支配している場合」とは
・株式、議決権、株主等の過半数を占めているなど支配関係にある場合
・役員、取引、資金などの依存関係にあり、事業の方針の全部または一部を実質的に決定できる関係にある場合

◆税務上の有価証券の区分と期末評価のしかた

<table>
<tr><th colspan="2">有価証券の区分</th><th>税務上の評価</th><th>会計上の評価</th></tr>
<tr><td colspan="2">売買目的有価証券</td><td colspan="2">期末時価で評価</td></tr>
<tr><td rowspan="3">売買目的外有価証券</td><td>満期保有目的有価証券</td><td rowspan="3">取得原価で評価（償却原価法を含む。118ページ参照）</td><td rowspan="2">取得原価で評価（償却原価法を含む）</td></tr>
<tr><td>企業支配株式等</td></tr>
<tr><td>その他有価証券</td><td>期末時価で評価</td></tr>
</table>

◆その他有価証券の申告調整のしかた

①全部純資産直入法の場合（120ページのA社株式の例による）
［別表五（一）］「Ⅰ利益積立金額」（当期増）有価証券△400、
有価証券評価差額金240、繰延税金負債160
「Ⅱ資本金等の額」（当期増）有価証券△240、
有価証券評価差額金240

②部分純資産直入法の場合（120ページのB社株式の例による）
［別表四］有価証券評価損否認（加算・留保）500
法人税等調整額（減算・留保）200
［別表五（一）Ⅰ］（当期増）有価証券500、繰延税金資産△200

17 有価証券の区分を変更した場合の処理のしかた

➔有価証券の区分変更は、時価振替えと帳簿価額振替えの２つがある

有価証券の会計・税務処理は、有価証券の区分ごとに行なわれるため、恣意的な区分変更を防止する観点から、区分変更は正当な理由がない限り認められません。また、区分変更の際に時価で振り替える場合は、評価損益（税務上は譲渡損益）を計上する必要があります。

会計上、有価証券の区分変更が認められる場合とは

有価証券の保有目的区分は、次の場合に限り認められます。なお、満期保有目的の債券への分類は、その取得当初の意図に基づくので、取得後の満期保有目的の債券への振替は認められません。

①資金運用方針の変更または特定の状況の発生にともなって、保有目的区分を変更する場合

②満期保有目的の債券の一部を、正当な理由なく他の保有目的区分の有価証券に振り替えたり、償還期限前に売却したりしたときなど、残りの債券について保有目的区分の変更があったとみなされる場合

③株式の追加取得または売却により持分比率等が変動したことにともない、子会社株式または関連会社株式区分から他の保有目的区分に、またはその逆の保有目的区分に変更する場合

④法令または基準等の改正や適用により、保有目的区分を変更する場合

満期保有目的の債券からの振替の例外的取扱いとは

満期保有目的の債券について、債券の発行者の信用状態の著しい悪化など、その債券を保有し続けることによる損失や不利益を回避するため、一部の満期保有目的の債券を他の保有目的区分に振り替えたり、償還期限前に売却したりしても、残りの債券を区分変更する必要はありません。

税務上の有価証券の区分変更の取扱いとは

税務上、区分変更の事実が生じた場合には、その事実が生じたときにおいて、その有価証券をその時点における時価などで譲渡し、その価額により区分変更後の有価証券を取得したものとして取り扱われます。

◇会計上の有価証券の区分変更の取扱い

変更前の区分	変更後の区分	変更時の処理
売買目的有価証券	その他有価証券	振替時の時価で振り替え、評価差額は振替時の損益として計上
	子会社株式・関連会社株式	
その他有価証券	売買目的有価証券	
	子会社株式・関連会社株式	帳簿価額で振り替える（評価損計上の場合は時価で振り替える）
子会社株式・関連会社株式	売買目的有価証券・その他有価証券	帳簿価額で振り替える
満期保有目的債券	売買目的有価証券・その他有価証券	変更時の償却原価で振り替える

◇税務上の有価証券の区分変更の取扱い

変更前の区分	変更後の区分	変更時の処理
売買目的有価証券	企業支配株式	時価で譲渡（※）
	満期保有目的等有価証券・その他有価証券	
企業支配株式	売買目的有価証券・その他有価証券	帳簿価額で譲渡
その他有価証券	企業支配株式	
	売買目的有価証券	時価で譲渡（※）

（※）時価で譲渡したことによる損益を変更時に計上する。

18 有価証券の会計上の減損処理とは

➡会計上、有価証券の時価の著しい下落等の場合には評価損を計上する

満期保有目的の債券、子会社株式および関連会社株式のように取得原価評価しているもの、その他有価証券のように全部純資産直入法を採用しているものについて、時価が著しく下落等した場合には、評価損（特別損失）を計上する必要があります。これを有価証券の減損処理といいます。

時価のある有価証券の減損処理のしかた

満期保有目的の債券、子会社株式および関連会社株式、その他有価証券のうち、時価を把握することがきわめて困難と認められる有価証券以外のものについて時価が著しく下落したときは、回復する見込みがあると認められる場合を除き、時価をもって貸借対照表価額とし、評価差額は当期の損失として処理する必要があります。

◇時価のある有価証券の減損処理の適用要件

個々の銘柄の有価証券の時価が…	①取得原価に比べて50%程度以上下落した場合	合理的な反証がない限り、時価が取得原価まで回復する見込みがある（※）とは認められないため、減損処理を行なう必要がある
	②下落幅が50%程度未満の場合	個々の企業において時価が「著しく下落した」と判断するための合理的な基準を設け、その基準に基づいて回復可能性の判定をする

（※）時価が「回復する見込みがある」と認められるときとは、株式の場合、時価の下落が一時的なもので、期末日後おおむね１年以内に取得原価にほぼ近い水準にまで回復する見込みのあることを合理的な根拠をもって予測できる場合をいう。

時価を把握できない株式の減損処理のしかた

時価を把握することがきわめて困難と認められる株式について、発行会社の財政状態の悪化により実質価額が著しく低下したときは、相当の減額を行ない、評価差額は当期の損失として処理する必要があります。

◇時価を把握できない株式の減損処理の適用要件

①財政状態の悪化	1株当たりの純資産額が、取得原価と比較して相当程度下回っている場合
②実質価額の著しい低下	少なくとも株式の実質価額が取得原価に比べて50%程度以上低下した場合。ただし、株式の実質価額の回復可能性が、十分な証拠によって裏づけられる場合には、減損処理をしないことも認められる

◇1株当たりの純資産額と実質価額の算定

1株当たりの純資産額	資産等の時価評価に基づく純資産額÷発行済株式数 （注）基礎とする財務諸表は、公正妥当な会計基準により作成されたもので、決算日までに入手し得る直近のものを使用する。なお、その後の状況で財政状態に重要な影響を及ぼす事項が判明していれば、その事項を加味する
実質価額	1株当たりの純資産額×所有株式数

減損処理の例

●子会社の業績悪化　当社の子会社（非上場、発行済株式の80%保有）は、次のように財政状態が著しく悪化しているため、減損処理を行ないます。

・取得価額23,000,000、諸資産46,000,000、諸負債36,0000,000

（借）関係会社株式評価損　15,000,000　　（貸）関係会社株式　15,000,000

◇純資産の持分相当額8,000,000＝(46,000,000－36,000,000)×80%

∴23,000,000×50%＞8,000,000　⇒実質価額の著しい低下に該当

19 税務上、有価証券の評価損の計上ができる場合とは

➔会計上の減損処理に対して、税務上は評価損を計上する

税務上、有価証券の期末評価を取得原価で行なう場合にも、一定の事由が生じたときは、取得原価と時価との差額の範囲内の金額を損金経理により評価損として計上することができます。ここでは、有価証券の区分ごとに評価損の計上が認められる場合について確認します。

上場有価証券等の評価損計上が認められる場合とは

上場有価証券等（企業支配株式等を除く）については、有価証券の事業年度終了時における価額（時価）が、その時の帳簿価額のおおむね50%相当額を下回ることとなり、かつ、近い将来その価額の回復が見込まれない場合に評価損を計上することができます。

なお、回復可能性の判断は、過去の市場価格の推移、発行法人の業況等も踏まえ、その事業年度終了時点で行ないます。

◇上場有価証券等の範囲

①取引所売買有価証券
②店頭売買有価証券および取扱有価証券（認可協会がその規則において、売買その他の取引の勧誘を行なうことを禁じていない株券等）
③その他価格公表有価証券（価格公表者によって公表された売買の価格または気配相場の価格があるもの）

上場有価証券等以外の有価証券の評価損計上が認められる場合とは

上場有価証券等以外の有価証券（上場有価証券等に該当する企業支配株式等を含む）については、次の事実により、その有価証券を発行する法人の資産状態が著しく悪化したため、その価額が著しく低下したことにより、

評価損を計上することができます。

①その有価証券を取得して相当の期間を経過した後に、その発行法人について次の事実が生じたこと

イ	特別清算開始の命令	ロ	破産手続き開始の決定
ハ	再生手続き開始の決定	ニ	更生手続き開始の決定

②事業年度終了の日における、その有価証券の発行法人の１株または１口当たりの純資産価額が、その有価証券を取得したときの発行法人の１株または１口当たりの純資産価額に比べて、おおむね50%以上、下回ることとなったこと。なお、増資払込み後の評価損計上は、業績回復の見込みなどの観点から、相当の期間経過後に評価損計上の可否を検討する

■国内の100%子会社の評価損が計上できない場合

国内の100%子会社が清算中である場合、解散（合併による解散を除く）が見込まれる場合、グループ内の適格合併が見込まれる場合などでは、その子会社の評価損は計上できないので注意が必要です。

■有価証券の評価損についての申告調整のしかた

●**評価損**　税務上の要件を満たさない評価損500,000を決算で計上します。

［別表四］有価証券評価損否認（加算・留保）500,000

［別表五（一）］「Ｉ利益積立金額」有価証券（当期増）500,000

◎決算で評価損を計上せずに申告書で減算することはできません。

◇税務上の有価証券の評価損計上ができる場合

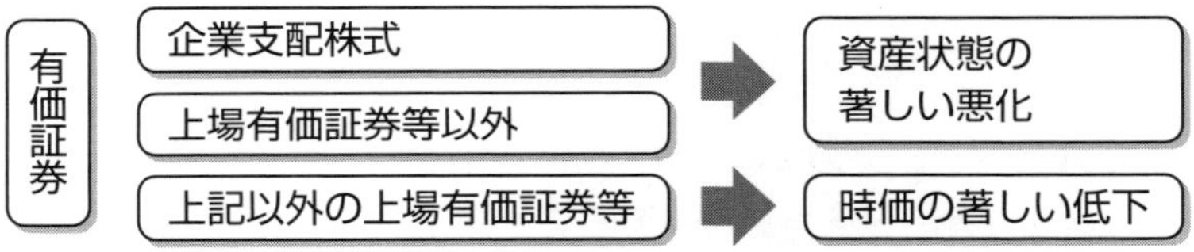

（注）会計上、子会社株式または関連会社株式であっても、時価のある場合は、時価の著しい低下による減損処理が可能

20 有価証券取引の消費税における取扱いは？

➡有価証券等の譲渡や貸付けは消費税の非課税取引となる

有価証券取引で生じる対価については、原則として、消費税の非課税取引となります。ただし、有価証券の譲渡対価の５％相当額を課税売上割合に含めるなど、消費税法上の有価証券等の範囲を含め、消費税の取扱いについては注意する必要があります。

■非課税取引となる有価証券等の範囲は

有価証券等の譲渡や貸付けは消費税の非課税取引となりますが、その有価証券等とは次の範囲のものをいいます。ただし、船荷証券、貨物引換証、倉庫証券またはゴルフ会員権等は含まれません。

①金融商品取引法２条１項に規定する有価証券（93ページ参照。ゴルフ場利用株式等を除く）

②金融商品取引法２条１項①から⑮まで、および⑰（⑯の有価証券の性質を有するものを除く）の有価証券に表示されるべき権利で、有価証券が発行されていないもの

③合名会社、合資会社、合同会社の社員の持分、協同組合等の組合員または会員の持分、その他法人の出資者の持分

④株主または投資主、優先出資者、特定社員または優先出資社員となる権利、その他法人の出資者となる権利

⑤貸付金、預金、売掛金、その他の金銭債権

■不課税取引となる有価証券取引は

次の有価証券取引は不課税取引となります。

・外国にある株式等の譲渡（国外取引）

・先物取引などで現物の受渡しがともなわないもの

有価証券取引と課税売上割合の算定のしかた

消費税の課税売上割合は、次のように算定されます。非課税取引となる有価証券等の譲渡対価は、分母の金額に含まれることとなりますが、その算定には、有価証券の取引ごとに特別の取扱いがあります。

$$
＊課税売上割合 = \frac{国内の課税資産の譲渡等の対価の額の合計額}{国内の資産の譲渡等の対価の額の合計額}
$$

◇有価証券取引と課税売上割合の取扱い

有価証券取引の区分	取扱いの内容
資産の譲渡等の対価として取得した金銭債権の譲渡対価の額、現先取引債券等の譲渡（買戻し条件付きの譲渡）	課税売上割合には含まれない
現先取引債券等の売戻し（売戻し条件付き購入）	売戻価額と購入価額との差額に相当する金額を、分母の金額に含める。なお、その差額が差損となる場合には、分母の金額から控除する
国債等の償還差損の額（償還金額が取得価額に満たない場合のその差額）	分母の金額より控除する
有価証券等（左記の有価証券の範囲に含まれる①②④。ただしゴルフ場利用株式等を除く）の譲渡（上記の現先取引債券等の取引を除く）	分母の金額には、譲渡対価の額の５％相当額を含める
左記の有価証券の範囲に含まれる③の譲渡対価	全額を分母に含める
有価証券（左記の有価証券の範囲に含まれるもの。ただし、ゴルフ場利用株式等を除く）または登録国債の非居住者に対する貸付け、償還差益を対価とする国債等の取得・利子を対価とする金銭債権の譲受けで債務者が非居住者であるもの	非課税資産の輸出取引として、その対価の額（利子、貸付料など）を課税売上割合に含める

5章

有価証券の評価のしかた

有価証券取引は原則として時価取引であるため、その有価証券の時価評価額が問題となります。有価証券の取得・譲渡や自社株取引時の場合にも、期末評価のしかたを参考として取引価格等を算定する必要があります。特に取引相場のない株式等を評価する場合には注意が必要です。この章では、有価証券の期末評価などにあたって問題となる評価額算定のしかたを解説します。

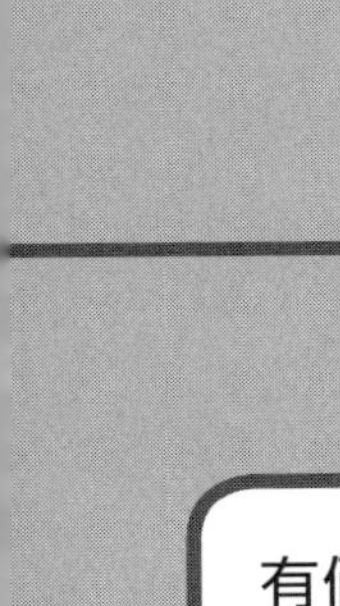

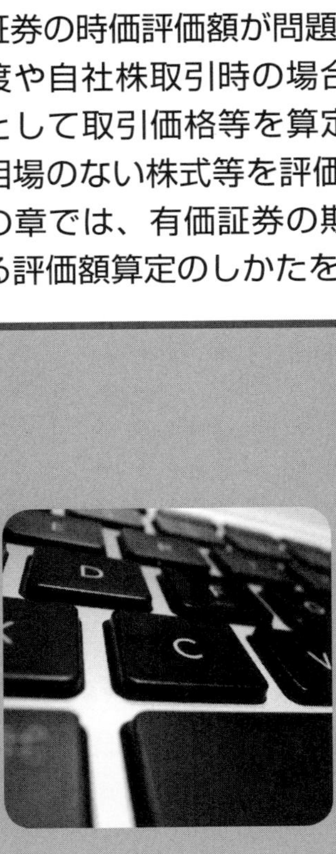

1 有価証券の時価の算定のしかた

➔有価証券の時価は、市場価格などにより算定する

時価とは公正な評価額であり、有価証券に付すべき時価には、その有価証券が市場で取引され、そこで成立している価格がある場合の「市場価格に基づく価額」と、有価証券に市場価格がない場合の「合理的に算定された価額」とがあります。

■株式の時価評価とは

株式に付すべき時価は市場価格とし、市場において公表されている取引価格の終値を優先的に適用し、終値がなければ気配値（公表された売り気配の最安値または買い気配の最高値とし、それらがともに公表されている場合にはそれらの仲値。仲値とは中間の値）を適用します。なお、当日に終値も気配値も公表されていない場合は、同日前直近において公表された終値または気配値とします。

■時価評価を要しない株式とは

市場で売買されない株式については、たとえ何らかの方式により価額（時価）の算定が可能だとしても、それを時価（合理的に算定された価額）とはしないで、その株式は時価を把握することが、きわめて困難と認められる有価証券として、取得原価等で評価することになります。

■税務上の時価とは

税務上の時価の算定方法は、合理的に算定された価額を含め、会計上の時価の算定方法とほぼ同じです。なお、上場有価証券の場合の最終の気配相場の価格は、その日の最終の売り気配と買い気配の仲値とし、いずれか一方のみが公表されている場合は、最終の売り気配または買い気配です。

◆有価証券の市場価格に基づく価額

株式	上場株式	取引所の終値または気配値
	店頭登録株式	業界団体が公表する基準価格
	非公開株式	ブローカーまたはシステム上の売買価格または店頭気配値
債券	上場債券	取引所の終値もしくは気配値または店頭気配値
	非上場債券	次のいずれかによる ①業界団体が公表する売買参考統計値 ②ブローカーまたはシステム上の売買価格または店頭気配値
投資信託		取引所の終値もしくは気配値または業界団体が公表する基準価格

◆有価証券の合理的に算定された価額

非上場債券	次のいずれかによる ①比準方式等（※１）により算定した価格 ②ブローカーから入手する①による評価価格 ③情報ベンダー（※２）から入手する①による評価価格
投資信託	次のいずれかによる ①投資信託委託会社が公表する基準価格 ②ブローカーから入手する評価価格 ③情報ベンダーから入手する評価価格

（※１）比準方式等には、取引所等が公表する市場価格に基づいて、利子率、残存償還期間、債券の発行体の信用度などを勘案して算定する理論価格方式や、債券の種類ごとに類似した銘柄を選定し、業界団体が公表する売買参考統計値の利回りを用いて算定する比準方式がある。

（※２）情報ベンダーとは、投資に関する情報を提供する業者の総称で、経済指標、市場情報、時価情報などの提供を行なっているものをいう。

2 有価証券の評価損計上のもととなる価額の算定方法は?

➡上場有価証券等以外の株式は、売買実例の有無などで区分して算定する

税務上の有価証券の評価損は、その有価証券の価額と帳簿価額との差額として求められるので、有価証券の価額の算定が重要となります。上場有価証券等の場合は時価の算定が比較的容易ですが、上場有価証券等以外の場合には、価額の算定についての検討が必要です。

■上場有価証券等の価額の算定方法は

上場有価証券等の場合には、有価証券の期末時価がその有価証券の価額となります。これは会計上の期末時価の算定方法とおおむね同じです。

なお、上場有価証券に該当する税務上の売買目的外有価証券および会計上のその他有価証券については、期末日の市場価格ではなく、その事業年度終了の日以前1か月間の市場価格の平均額によることもできます。短期的な価格の変動を反映させることは適当ではないからです。

■上場有価証券等以外の株式の価額の算定方法は

上場有価証券等以外の株式について評価損の計上を行なう場合のその株式の価額は、次の区分に応じて算定します。

①売買実例のあるもの

その事業年度終了の日前6か月間において売買の行なわれたもののうち、適正と認められるものの価額。

②公開途上にある株式(金融商品取引所が内閣総理大臣に株式の上場の届出を行なうことを明らかにした日から上場の日の前日までのその株式)で、その株式の上場に際して株式の公募または売出しが行なわれるもの

金融商品取引所の内規によって行なわれる入札により決定される、入札後の公募等の価格等を参酌して通常取引されると認められる価額。

③売買実例のないもので、その株式を発行する法人と事業の種類、規模、収益の状況などが類似する他の法人の株式の価額があるもの

その価額に比準して推定した価額。

④上記①から③までに該当しないもの

事業年度終了の日または同日に最も近い日における、その株式の発行法人の事業年度終了のときの１株当たりの純資産価額等を参考にして通常取引されると認められる価額。

◘上場有価証券等以外の株式の価額の算定方法の選択の流れ

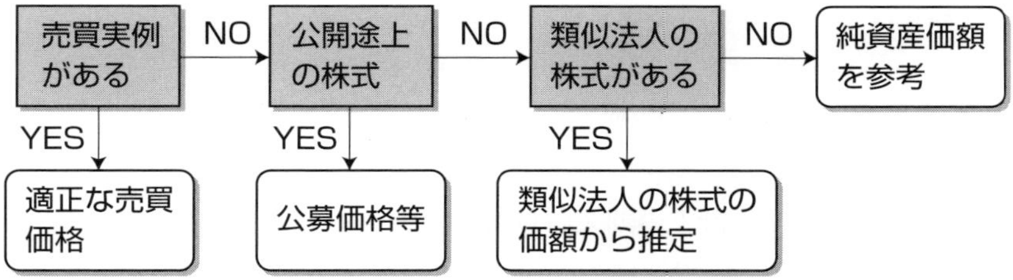
売買実例がある
NO
公開途上の株式
NO
類似法人の株式がある
NO
純資産価額を参考
YES
適正な売買価格
YES
公募価格等
YES
類似法人の株式の価額から推定

◘税務上の有価証券の価額の算定のまとめ

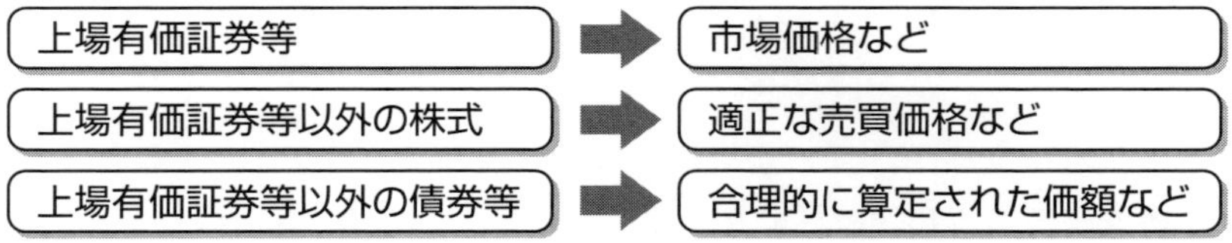
上場有価証券等
市場価格など
上場有価証券等以外の株式
適正な売買価格など
上場有価証券等以外の債券等
合理的に算定された価額など

▌企業支配株式等の時価の算定

株式等の取得が、発行済株式等の20%以上を保有するためなど、その株式等の発行法人を支配するためにされたときは、その取得対価のうち、通常の取得価額を超える部分の金額（企業支配の対価）を、通常の価額（時価）に加算した金額を期末時価として、評価損計上の可否を検討します。

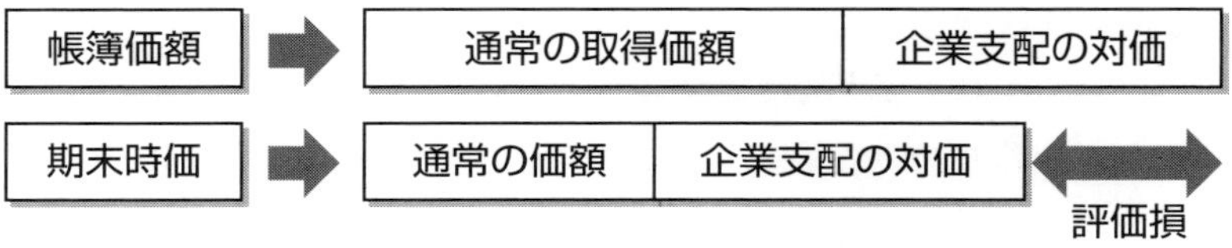
帳簿価額
通常の取得価額
企業支配の対価
期末時価
通常の価額
企業支配の対価
評価損

3 上場有価証券等以外の株式の価額の特例は？

➡法人税においても条件付きで相続税法の株式の評価方法を適用できる

上場有価証券等以外の株式の価額については、136ページの算定方法により求めるのが原則ですが、実際に算定する場合には困難な点があることから、実務の便宜的観点などにより、課税上の弊害がない限り、相続税法の取引相場のない株式の評価方法によることも特例として認められます。

上場有価証券等以外の株式の価額の特例の適用要件とは

上場有価証券等以外の株式の価額について、相続税法の財産評価基本通達における取引相場のない株式の評価の規定によって算定する場合には、課税上の弊害がない限り、次のことを条件に認められます。

①法人がその株式の発行会社にとって、「中心的な同族株主」（下参照）に該当するときは、その発行会社は常に「小会社」として算定すること

②株式の発行会社が土地（土地の上に存在する権利を含む）または金融商品取引所に上場されている有価証券を有しているときは、「１株当たりの純資産価額（相続税評価額によって計算した金額）」の計算に当たり、これらの資産についてはその事業年度終了時における価額によること

③「１株当たりの純資産価額（相続税評価額によって計算した金額）」の計算に当たり、評価差額に対する法人税額等に相当する金額は控除しないこと

中心的な同族株主とは

中心的な同族株主とは、同族株主の１人並びにその株主の配偶者、直系血族、兄弟姉妹および１親等の姻族（これらの者の同族関係者である会社のうち、これらの者が有する議決権の合計数が、その会社の議決権総数の25％以上である会社を含む）の有する議決権の合計数が、その会社の議決

権総数の25%以上である場合における、その株主をいいます。

■同族株主とは

同族株主とは、評価会社の株主のうち、株主の１人およびその同族関係者（法人税法に規定する特殊の関係にある法人等をいう。123ページ参照）の有する議決権の合計数が、その会社の議決権総数の30%以上（その評価会社の株主のうち、株主の１人およびその同族関係者の有する議決権の合計数が最も多いグループの有する議決権の合計数が、その会社の議決権総数の50%超である会社にあっては、50%超）である場合における、その株主およびその同族関係者をいいます。

◇取引相場のない株式の相続税における評価方法

❶発行会社における株主の判定と評価方法

中心的な同族株主 ➡ 純資産価額方式（148ページ参照）など

同族株主等（※） ➡ 原則的評価方式（142ページ参照）など

同族株主等以外 ➡ 配当還元方式（152ページ参照）

（※）同族株主等に該当する株主のうち、①議決権割合５%未満、②役員でない、③中心的な同族株主でない、④当該株主以外に中心的な同族株主がいる、のすべての要件を満たす場合は、少数株主として配当還元方式が適用できる。

❷株主の区分の判定

	筆頭株主グループの議決権割合			株主の区分
	50%超	30%以上 50%以下	30%未満	
法人株主の属する同族関係者グループの議決権割合	50%超	30%以上	15%以上	同族株主等
	50%未満	30%未満	15%未満	同族株主等以外

4 相続税における原則的評価方式の適用のしかた

➔原則的評価方式は、発行会社の規模等の区分に応じて適用する

財産評価基本通達では、株式の発行会社（評価会社）を総資産価額、従業員数、取引金額などの基準により大会社、中会社、小会社に区分し、それぞれの会社に適用される評価方法を原則的評価方式として規定しています。ここでは、会社の区分のしかたを取り上げます。

■評価会社の総資産価額および従業員数の算定のしかた

評価会社の総資産価額は評価時点の各資産の帳簿価額の合計額とします。

また、従業員数（役員を除く）は、直前期末以前１年間における継続勤務従業員数などにより、次の算式で求めます。

＊従業員数＝継続勤務従業員数（※）＋（継続勤務従業員以外の従業員の労働時間の合計時間数÷1,800）

（※）継続勤務従業員とは、直前期末以前１年間において、その期間継続して、その会社に勤務していた従業員をいい、就業規則等で定められた１週間当たりの労働時間が30時間未満である従業員を除く。

出向中の従業員については評価会社との雇用契約に基づいて使用されているかどうかで判定し、出向元との雇用関係が解消され、出向先で雇用されている場合は、出向先の従業員に含まれることになります。

■評価会社の業種の区分のしかた

評価会社が「卸売業」「小売・サービス業」「卸売業、小売・サービス業以外」のいずれの業種に該当するかは、直前期末以前１年間における取引金額に基づいて判定しますが、その取引金額のうちに２以上の業種の取引金額が含まれている場合には、それらのうち最も多い取引金額にかかる業種によって判定します。

◘株式の発行会社の区分

区分	区分の内容		総資産簿価および従業員数	前年1年間の取引金額
大会社	従業員数が100人以上の会社または右のいずれかに該当する会社	卸売業	20億円以上（従業員数が50人以下の会社を除く）	80億円以上
		小売・サービス業	10億円以上（従業員数が50人以下の会社を除く）	20億円以上
		上記以外	10億円以上（従業員数が50人以下の会社を除く）	20億円以上
中会社	従業員数が100人未満の会社で右のいずれかに該当する会社（大会社に該当する場合を除く）	卸売業	7000万円以上（従業員数が5人以下の会社を除く）	2億円以上80億円未満
		小売・サービス業	4000万円以上（従業員数が5人以下の会社を除く）	6000万円以上20億円未満
		上記以外	5000万円以上（従業員数が5人以下の会社を除く）	8000万円以上20億円未満
小会社	従業員数が100人未満の会社で右のいずれにも該当する会社	卸売業	7000万円未満または従業員数が5人以下	2億円未満
		小売・サービス業	4000万円未満または従業員数が5人以下	6000万円未満
		上記以外	5000万円未満または従業員数が5人以下	8000万円未満

5 原則的評価方式の具体的な評価のしかた

➔原則的評価方式は類似業種比準価額や純資産価額などにより評価する

原則的評価方式では、株式の発行会社（評価会社）の規模区分により、**類似業種比準方式**（144ページ参照）や**純資産価額方式**（148ページ参照）を適用します。ここでは、会社区分ごとの原則的評価方式について、その概要を確認します。なお、原則的評価方式は複数の方法から選択できることに注意が必要です。

■原則的評価方式は会社の区分に応じて適用する

原則的評価方式は、会社の区分に応じて下記の評価方法を適用します。

①大会社の株式の価額　いずれかの評価方法を選択します。

　イ　類似業種比準価額によって評価

　ロ　１株当たりの純資産価額によって評価

②中会社の株式の価額　いずれかの評価方法を選択します。

　イ　類似業種比準価額×Ｌ＋１株当たりの純資産価額×(1－L)

　　（Ｌについては下記参照）

　ロ　１株当たりの純資産価額によって評価

③小会社の株式の価額　いずれかの評価方法を選択します。

　イ　１株当たりの純資産価額によって評価

　ロ　類似業種比準価額×0.5＋１株当たりの純資産価額×0.5

■中会社の評価方法における「L」とは

「L」は、評価会社の総資産簿価、従業員数、直前期末以前１年間における取引金額に応じて、それぞれに定める割合0.90、0.75、0.60のうち、いずれか大きいほうが適用されます。

たとえば、卸売業で総資産価額が14億円、直前期末以前１年間における取引金額が30億円の場合、0.90と0.75が該当しますが、そのうち、大きい割合である0.90が適用されます。

このように、会社の実態に近づける考慮がなされています。

◇「L」の割合

❶総資産価額（帳簿価額で計算）および従業員数に応ずる割合

卸売業	小売・サービス業	左記以外	割　合
14億円以上（従業員数が50人以下の会社を除く）	7億円以上（従業員数が50人以下の会社を除く）	7億円以上（従業員数が50人以下の会社を除く）	0.90
7億円以上（従業員数が30人以下の会社を除く）	4億円以上（従業員数が30人以下の会社を除く）	4億円以上（従業員数が30人以下の会社を除く）	0.75
7000万円以上（従業員数が5人以下の会社を除く）	4000万円以上（従業員数が5人以下の会社を除く）	5000万円以上（従業員数が5人以下の会社を除く）	0.60

（注）複数の区分に該当する場合は、上位の区分に該当するものとする。

❷直前期末以前1年間における取引金額に応ずる割合

卸売業	小売・サービス業	左記以外	割　合
50億円以上 80億円未満	12億円以上 20億円未満	14億円以上 20億円未満	0.90
25億円以上 50億円未満	6億円以上 12億円未満	7億円以上 14億円未満	0.75
2億円以上 25億円未満	6000万円以上 6億円未満	8000万円以上 7億円未満	0.60

6 類似業種比準方式とはどのような評価方法か

➔類似業種比準方式は、類似業種の株価等により評価する方式

類似業種比準方式による株式の価額算定は、類似業種の株価、１株当たりの配当金額、年利益金額および純資産価額（帳簿価額）をもとに算定した金額です。各比準要素の算定方法などを取り上げます。

類似業種比準方式による株式の価額の算定のしかた

類似業種比準方式による価額は、次の計算式により算定します。

$$＊株式の価額＝A\times\left(\frac{\dfrac{Ⓑ}{B}+\dfrac{Ⓒ\times 3}{C}+\dfrac{Ⓓ}{D}}{5}\right)\times 0.7$$
（中会社の場合は0.6、小会社の場合は0.5）

（注）「Ａ」＝類似業種の株価
「Ⓑ」＝評価会社の１株当たりの配当金額
「Ⓒ」＝評価会社の１株当たりの利益金額
「Ⓓ」＝評価会社の１株当たりの簿価純資産価額
「Ｂ」＝評価日の属する年の類似業種の１株当たりの配当金額
「Ｃ」＝評価日の属する年の類似業種の１株当たりの年利益金額
「Ｄ」＝評価日の属する年の類似業種の１株当たりの簿価純資産価額

Ａ～Ｄの金額は、国税庁「類似業種比準価額計算上の業種目及び業種目別株価等について」（ホームページで閲覧可能）の数字を使用します。

1類似業種の判定のしかた

類似業種は、大、中および小分類に区分して定める業種目のうち、評価会社の事業が該当する業種目とし、原則として、その業種目が小分類に区分されている場合は小分類の業種目、小分類に区分されていない中分類の場合は中分類の業種目によります。ただし、小分類の業種目を中分類の業

種目、中分類の業種目を大分類の業種目とすることもできます。

2 1株当たりの配当金額の算定のしかた

1株当たりの配当金額は、次のように算定します。ただし、配当金額のうち特別配当、記念配当など、将来毎期継続することが予想できない金額を除きます。また、1株当たりの資本金等の額が50円以外の場合には、直前期末における資本金等の額を50円で除して計算した数を発行済株式数とします（以下、同様に算定）。

＊1株当たりの配当金額＝(直前期末以前2年間の剰余金の配当金額の合計金額×1／2)÷直前期末における発行済株式数

3 1株当たりの利益金額の算定のしかた

1株当たりの利益金額は、次のように算定します。ただし、課税所得金額のうち、固定資産売却益、保険差益などの非経常的な利益の金額を除きます。なお、直前期末以前2年間の下記式に準じて計算した課税所得金額の合計額（合計額がマイナスのときはゼロ）の2分の1に相当する金額を、直前期末における発行済株式数で除して計算することもできます。

＊1株当たりの利益金額＝(直前期末以前1年間における法人税の課税所得金額＋受取配当等の益金不算入額＋損金に算入された繰越欠損金の控除額)÷直前期末における発行済株式数

4 1株当たりの簿価純資産価額の算定のしかた

＊1株当たりの簿価純資産価額＝(直前期末の資本金等の額＋利益積立金額（※))÷直前期末における発行済株式数

（※）申告書別表五（一）の差引翌期首現在利益積立金額の差引合計額

7 類似業種比準方式による評価はこうする

➔評価会社の各要素の金額算定が重要となる

類似業種比準方式は、類似業種の株価などをもとに1株当たりの価額を算定しますが、類似業種の株価や各比準割合は国税庁の公表資料（144ページ参照）の数字を使用するので、評価会社の各要素の金額算定が重要となります。

■類似業種比準方式による評価例

❶評価会社の状況

・資本金等の額 80,000,000円、発行済株式数 160,000株、自己株式数 0

・配当金額　直前期 6,400,000円　記念配当や特別配当はなし

　　　　　　前々期 8,000,000円　うち記念配当 3,200,000円

・利益金額（欠損金の控除額はなし）

（単位：円）

年度	課税所得金額	特別損益	受取配当等の益金不算入額	所得税額
直前期	82,354,195	9,343,826	1,350,724	270,145
前々期	64,729,318	632,750	1,147,397	229,479

・純資産価額　直前期末　資本金等の額 80,000,000円

　　　　　　　　　　　　利益積立金額 73,519,241円

❷類似業種の各要素の金額　評価会社は中会社に該当します。

業種目：電子部品製造業（中分類番号 42、小分類番号 43）
中分類のA株価　前年平均株価 145　当月 160　前月 173　前々月 168 B配当金額 2.9　C利益金額 7　D簿価純資産価額 142
小分類のA株価　前年平均株価 127　当月 130　前月 144　前々月 141 B配当金額 2.4　C利益金額 6　D簿価純資産価額 143

◆類似業種比準価額の算定例（相続税の計算明細書を使用）

（取引相場のない株式（出資）の評価明細書）

第４表　類似業種比準価額等の計算明細書　　会社名　齋藤工業

（平成二十四年四月一日以降用）

１．１株当たりの資本金等の額等の計算	直前期末の資本金等の額	直前期末の発行済株式数	直前期末の自己株式数	１株当たりの資本金等の額（①÷（②−③））	１株当たりの資本金等の額を50円とした場合の発行済株式数（①÷50円）
	① 80,000千円	② 160,000株	③ 株	④ 500円	⑤ 1,600,000株

２．比準要素等の金額の計算

１株（50円）当たりの年配当金額

事業年度	⑥ 年配当金額	⑦ 左のうち非経常的な配当金額	⑧ 差引経常的な年配当金額（⑥−⑦）	年平均配当金額
直前期	6,400千円	千円	㋑ 6,400千円	⑨（㋑＋㋺）÷２　5,600千円
直前々期	8,000千円	3,200千円	㋺ 4,800千円	⑩（㋺＋㋩）÷２　千円
直前々期の前期	千円	千円	㋩ 千円	

比準要素数１の会社・比準要素数０の会社の判定要素の金額		
⑨/⑤	Ⓑ₁ 3円	50銭
⑩/⑤	Ⓑ₂ 円	0銭
１株(50円)当たりの年配当金額（Ⓑ₁の金額）	Ⓑ 3円	50銭

１株（50円）当たりの年利益金額

事業年度	⑪法人税の課税所得金額	⑫非経常的な利益金額	⑬受取配当等の益金不算入額	⑭左の所得税額	⑮損金算入した繰越欠損金の控除額	⑯差引利益金額（⑪−⑫＋⑬−⑭＋⑮）
直前期	82,354千円	9,343千円	1,350千円	270千円	千円	㋥ 74,091千円
直前々期	64,729千円	632千円	1,147千円	229千円	千円	㋭ 65,015千円
直前々期の前期	千円	千円	千円	千円	千円	㋬ 千円

比準要素数１の会社・比準要素数０の会社の判定要素の金額	
㋥/⑤ 又は （㋥＋㋭）÷２/⑤	Ⓒ₁ 43円
㋭/⑤ 又は （㋭＋㋬）÷２/⑤	Ⓒ₂ 円
１株（50円）当たりの年利益金額〔㋥/⑤ 又は （㋥＋㋭）÷２/⑤ の金額〕	Ⓒ 43円

１株（50円）当たりの純資産価額

事業年度	⑰ 資本金等の額	⑱ 利益積立金額	⑲ 純資産価額（⑰＋⑱）
直前期	80,000千円	73,519千円	㋣ 153,519千円
直前々期	千円	千円	㋠ 千円

比準要素数１の会社・比準要素数０の会社の判定要素の金額	
㋣/⑤	Ⓓ₁ 95円
㋠/⑤	Ⓓ₂ 円
１株(50円)当たりの純資産価額（Ⓓ₁の金額）	Ⓓ 95円

３．類似業種比準価額の計算

１株（50円）当たりの比準価額の計算

類似業種と業種目番号	電子部品等製造業（No. 42）
課税時期の属する月　3月	㋷ 160円
課税時期の属する月の前月　2月	㋦ 173円
課税時期の属する月の前々月　1月	㋸ 168円
前年平均株価	㋾ 145円
A〔㋷、㋦、㋸及び㋾のうち最も低いもの〕	⑳ 145円

比準割合の計算 区分	１株(50円)当たりの年配当金額	１株(50円)当たりの年利益金額	１株(50円)当たりの純資産価額
評価会社	Ⓑ 3円 50銭	Ⓒ 43円	Ⓓ 95円
類似業種	B 2円 90銭	C 7円	D 142円
要素別比準割合	Ⓑ/B 1.20	Ⓒ/C 6.14	Ⓓ/D 0.66
比準割合	$\frac{\frac{Ⓑ}{B}+\frac{Ⓒ}{C}\times 3+\frac{Ⓓ}{D}}{5}$ ＝ ㉑ 4・05		

１株(50円)当たりの比準価額：⑳×㉑×0.7　※中会社は0.6　小会社は0.5とします。　㉒ 352円 30銭

類似業種と業種目番号	電子部品製造業（No. 43）
課税時期の属する月　3月	㋻ 130円
課税時期の属する月の前月　2月	㋕ 144円
課税時期の属する月の前々月　1月	㋵ 141円
前年平均株価	㋟ 127円
A〔㋻、㋕、㋵及び㋟のうち最も低いもの〕	㉓ 127円

比準割合の計算 区分	１株(50円)当たりの年配当金額	１株(50円)当たりの年利益金額	１株(50円)当たりの純資産価額
評価会社	Ⓑ 3円 50銭	Ⓒ 43円	Ⓓ 95円
類似業種	B 2円 40銭	C 6円	D 143円
要素別比準割合	Ⓑ/B 1.45	Ⓒ/C 7.16	Ⓓ/D 0.66
比準割合	$\frac{\frac{Ⓑ}{B}+\frac{Ⓒ}{C}\times 3+\frac{Ⓓ}{D}}{5}$ ＝ ㉔ 4・71		

１株(50円)当たりの比準価額：㉓×㉔×0.7　※中会社は0.6　小会社は0.5とします。　㉕ 358円 90銭

１株当たりの比準価額	比準価額（㉒と㉕とのいずれか低い方）	352円 30銭 × ④の金額 500円 / 50円	㉖ 3,523円

比準価額の修正

		修正比準価額
直前期末の翌日から課税時期までの間に配当金交付の効力が発生した場合	比準価額（㉖）　円 − １株当たりの配当金額　円　銭	㉗ 円
直前期末の翌日から課税時期までの間に株式の割当て等の効力が発生した場合	（比準価額（㉖）（㉗があるときは㉗）　円＋割当株式１株当たりの払込金額　円　銭×１株当たりの割当株式数　株）÷（１株＋１株当たりの割当株式数又は交付株式数　株）	㉘ 円

8 純資産価額方式とはどのような評価方法か

➔純資産価額方式は、１株当たりの純資産価額をもとに評価する方式

純資産価額方式では、株式の発行会社の各資産額を、財産評価基本通達により評価した金額の合計額から、各負債の金額の合計額を控除した金額を、発行済株式数で除して算定します。ただし、法人税法基本通達に規定する適用要件を満たす必要があります。

■１株当たりの純資産価額の算定のしかた

１株当たりの純資産価額は、次のように算定します。なお、各資産の評価は財産評価基本通達に定める評価方法によりますが、法人税法の要件として、土地（土地の上に存在する権利を含む）や上場有価証券などについては時価評価とし、評価差額に対する法人税額等に相当する金額は控除せずに算定することに注意が必要です。

＊１株当たりの純資産価額＝（各資産の評価額の合計額－各負債の金額の合計額）÷発行済株式数

■１株当たりの純資産価額の80%評価とは

法人株主とその同族関係者の有する議決権の合計数が、評価会社の議決権総数の50%以下である場合、１株当たりの純資産価額は、その80%が評価額となります。ただし、大会社の１株当たりの純資産価額には適用されません。また、中会社の１株当たりの純資産価額にも適用されませんが、類似業種比準価額との併用方式には適用されます。

■土地等および家屋等の評価のしかた

財産評価基本通達では、評価会社が、評価日前３年以内に取得または新

築した土地、土地の上に存在する権利、家屋とその附属設備、構築物の価額は、評価日における通常の取引価額に相当する金額で評価し、帳簿価額が通常の取引価額に相当する場合は、その帳簿価額で評価できるとしています。ただし、法人税上の要件として、土地等は時価評価をすることとなります。

■評価会社が有する株式等の純資産価額の算定のしかた

評価会社が、取引相場のない株式を保有している場合、その株式の１株当たりの純資産価額を算定するときは、次のように算定します。なお、評価会社の各資産のうちに、出資、転換社債型新株予約権付社債がある場合についても、同様に算定します。

＊取引相場のない株式の１株当たりの純資産価額＝（その株式の発行会社の財産評価基本通達による各資産の評価額の合計額－各負債の金額の合計額）÷発行済株式数

■純資産価額計算上の負債とは

純資産価額を算定する場合の負債の金額には、貸倒引当金、退職給与引当金（法人税法上の退職給与引当金に関する経過措置による退職給与引当金を除く）、納税引当金その他の引当金および準備金に相当する金額は含まれませんが、次の金額は負債に含まれます。

①評価日の属する事業年度の法人税額、消費税額、事業税額、道府県民税額、市町村民税額のうち、その事業年度開始の日から評価日までの期間に対応する金額（評価日において未払いのものに限る）

②評価日以前に賦課期日のあった固定資産税の税額のうち、評価日において未払いの金額

③被相続人の死亡により、相続人その他の者に支給することが確定した退職手当金、功労金、その他これらに準ずる給与の金額

9 純資産価額方式による評価はこうする

➔金銭債権、経過勘定、棚卸資産、繰延資産などの評価に留意する

純資産価額方式による評価では、評価会社の各資産の評価額を財産評価基本通達に定める評価方法により算定します。特に、金銭債権、前払費用などの経過勘定、棚卸資産、繰延資産などの評価方法について留意する必要があります。

■資産および負債の相続税評価額等の留意事項

(1) 預貯金は、解約するとした場合の既経過利子の額（所得税控除後）を加算します。

(2) 売掛金、未収入金、貸付金は、元本の額から回収が不可能または著しく困難である部分の金額を除きます。

(3) 前払費用などの経過勘定や繰延資産等のうち、財産性のないものの評価額はゼロとなります。

(4) 棚卸資産の評価は原則として相続税評価額によりますが、個々の資産の価額を算定することが困難である場合には、法人税法上の評価方法によることができます。なお、財産評価基本通達に定める評価方法は次のとおりです。

イ　商製品の価額：販売価額から、利潤や予定経費の額などを控除した金額

ロ　材料の価額：購入する場合の仕入価額に、引取りなどに要する運賃や経費の額を加算した金額

ハ　半製品・仕掛品の価額：購入する場合の仕入価額に引取りや加工などに要する運賃、加工費などの経費の額を加算した金額

(5) 土地、上場有価証券は時価評価とします。法人税上の評価として、その他の資産についても時価評価が可能なものについては時価評価します。

◆1株当たりの純資産価額の算定例（相続税の計算明細書を使用）

（取引相場のない株式（出資）の評価明細書）

第5表　1株当たりの純資産価額（相続税評価額）の計算明細書　会社名　齋藤工業

（平成二十四年四月一日以降用）

1. 資産及び負債の金額（課税時期現在）

資産の部				負債の部			
科目	相続税評価額	帳簿価額	備考	科目	相続税評価額	帳簿価額	備考
現金預金	千円 28,669	千円 28,469		支払手形	千円 4,751	千円 4,751	
受取手形	1,101	1,121		買掛金	32,070	32,070	
売掛金	45,487	46,687		短期借入金	54,266	54,266	
有価証券	1,365	1,525		未払費用	7,162	7,162	
製品	7,834	7,834		預り金	2,328	2,328	
仕掛品	5,347	5,347		長期借入金	20,500	20,500	
短期貸付金	8,412	8,412		退職給与引当金	844	844	
未収入金	10,593	10,593		未払法人税	1,374	1,374	
前払費用	—	—		未払県民税	413	413	
建物	22,745	26,378		未払市民税	759	759	
機械装置	1,646	1,646		未払事業税	1,248	1,248	
工具器具備品	1,443	1,443		未払消費税	2,642	2,642	
土地	20,439	15,284		未払固定資産税	957	957	
繰延資産	—	—					
合計	① 155,081	② 154,739		合計	③ 129,314	④ 129,314	
株式及び出資の価額の合計額	㋑	㋺					
土地等の価額の合計額	㋩						
現物出資等受入れ資産の価額の合計額	㋥	㋭					

2. 評価差額に対する法人税額等相当額の計算		3. 1株当たりの純資産価額の計算	
相続税評価額による純資産価額（①－③）	⑤ 25,767 千円	課税時期現在の純資産価額（相続税評価額）（⑤－⑧）	⑨ 25,767 千円
帳簿価額による純資産価額（(②＋㋥－㋭)－④）、マイナスの場合は0）	⑥ 千円	課税時期現在の発行済株式数（(第1表の1の①)－自己株式数）	⑩ 60,000 株
評価差額に相当する金額（⑤－⑥、マイナスの場合は0）	⑦ 千円	課税時期現在の1株当たりの純資産価額（相続税評価額）（⑨÷⑩）	⑪ 429 円
評価差額に対する法人税額等相当額（⑦×42%）	⑧ 千円	同族株主等の議決権割合（第1表の1の⑤の割合）が50%以下の場合（⑪×80%）	⑫ 343 円

10 配当還元方式とはどのような評価方法か

➡配当還元方式は、おもに少数株主等が取得する場合に適用される方法

配当還元方式は、その株式を所有することによって受け取る１年間の配当金額を、一定の利率（10%）で還元して元本である株式の価額を評価する方法です。配当金額については、類似業種比準方式による１株当たりの配当金額の算定方法によります。

■配当還元方式による評価のしかた

配当還元方式による株式の価額は、その株式にかかる年配当金額をもととして、次の計算式により算定した金額によって評価します。ただし、その金額が２円50銭未満のものおよび無配のものについては、２円50銭として算定します。

$$＊株式の価額 = \frac{その株式にかかる年配当金額}{10\%} \times \frac{その株式の１株当たりの資本金等の額}{50円}$$

なお、その株式にかかる年配当金額は、１株当たりの資本金等の額を50円とした場合の金額です。したがって、算式中において、評価会社の直前期末における１株当たりの資本金等の額の50円に対する倍数を掛けて評価額を計算することになります。

■評価会社が中間配当を行なっている場合などの取扱いは

評価会社が中間配当を行なっている場合、中間配当の配当金額と期末配当の配当金額との合計額を１年間の配当金額とします。また、評価会社の事業年度が６か月の場合、直前期末以前の４事業年度の配当金額の合計額を、直前期末以前２年間の配当金額とします。

■配当還元方式による評価の例

●株式価額の算定　当社は、株式の発行会社（非上場）にとって少数株主であり、配当還元方式により株式の価額を算定します。発行会社の状況は次のとおりです。

・直前期末の資本金等の額 60,000,000円
・直前期末の発行済株式数　　125,000株
・直前期末の自己株式数　　　　5,000株
・直前期末以前２年間の配当金額
　［直前期］普通配当 5,000,000円、記念配当 1,500,000円
　［前々期］普通配当 4,000,000円

◇配当還元方式による価額の算定例（相続税の計算明細書を使用）

第3表　一般の評価会社の株式及び株式に関する権利の価額の計算明細書　会社名　齋藤工業

2．配当還元方式による価額

1株当たりの資本金等の額、発行済株式数等	直前期末の資本金等の額	直前期末の発行済株式数	直前期末の自己株式数	1株当たりの資本金等の額を50円とした場合の発行済株式数（⑨÷50円）	1株当たりの資本金等の額（⑨÷（⑩－⑪））
	⑨ 60,000 千円	⑩ 125,000 株	⑪ 5,000 株	⑫ 1,200,000 株	⑬ 500 円

直前期末以前2年間の配当金額	事業年度	⑭ 年配当金額	⑮ 左のうち非経常的な配当金額	⑯ 差引経常的な年配当金額（⑭－⑮）	年平均配当金額
	直前期	6,500 千円	1,500 千円	㋑ 5,000 千円	⑰ （㋑＋㋺）÷2　4,500 千円
	直前々期	4,000 千円	千円	㋺ 4,000 千円	

1株（50円）当たりの年配当金額	年平均配当金額（⑰） 4,500 千円 ÷ ⑫の株式数 1,200,000 株 ＝ ⑱ 3 円 75 銭	（この金額が2円50銭未満の場合は2円50銭とします。）
配当還元価額	⑱の金額 $\frac{3円75銭}{10\%}$ × ⑬の金額 $\frac{500円}{50円}$ ＝ ⑲ 375 円	⑳ 円（⑲の金額が、原則的評価方式により計算した価額を超える場合には、原則的評価方式により計算した価額とします。）

（注）配当還元方式の箇所を抜粋して掲載しています。

11 相続税における種類株式と特定の評価会社の株式の評価とは

➡種類株式や特定の会社の株式の評価では相続税の評価方法を参考にする

種類株式（202ページ参照）の評価方法については、法人税法の規定がないため、通常の評価方法による株式評価額から、種類株式特有の事情を考慮して算定します。法人税では課税上の弊害がない限り、相続税法上の評価方法によることができるので、次の評価方法を参考に評価します。

◇種類株式の相続税法における評価方法

配当について優先・劣後のある株式	①類似業種比準方式による評価では、株式の種類ごとに、その株式の配当金（資本金等の額の減少によるものを除く）によって評価する ②純資産価額方式による評価では、配当優先の有無にかかわらず、従来どおりの評価方法による
同族株主が取得した無議決権株式	原則として、議決権の有無を考慮せずに評価する。一定の条件のもとで、原則的評価方式による評価額の95%の金額を評価額とするとともに、5%の金額を同族株主が取得した議決権付株式の価額に加算することができる
無議決権の配当優先株などの社債類似株式	社債の評価方法による
拒否権付株式	普通株式と同様に評価する

特定の評価会社の発行株式の評価方法とは

特定の評価会社の発行株式については、会社規模の区分による評価方法を適用することが実態に合わないことから、次ページ上表の会社の区分に応じて評価することとなります。

◆評価会社の区分による発行株式の評価方法

会 社 の 区 分		発行株式の評価方法
一般の評価会社		会社規模の区分による評価
特定の評価会社	比準要素数１の会社（※１）	純資産価額方式（同族株主以外の株主等については、配当還元方式によることも可。ただし、純資産価額を上回る場合は純資産価額）
	株式保有特定会社（※２）	
	土地保有特定会社（※３）	
	開業後３年未満の会社等（※４）	
	開業前・休業中の会社	純資産価額方式
	清算中の会社	清算分配見込額により評価

（※１）類似業種比準方式の３つの比準要素である、評価会社の１株当たり配当金額・利益金額・簿価純資産価額のうち、直前期末の要素のいずれか２つがゼロであり、かつ、前々期末の要素のいずれか２つ以上がゼロである会社のこと。

（※２）総資産価額中に占める株式や出資の価額の合計額の割合が25%以上（中会社と小会社は50%以上）の会社のこと。

（※３）総資産価額中に占める土地などの価額の合計額の割合が、一定の割合以上の会社のこと（下表参照）。

（※４）開業後の経過年数が３年未満の会社や、類似業種比準方式の３つの比準要素の直前期末の要素がいずれもゼロである会社のこと。

◆土地保有特定会社に区分される土地等の保有割合

①大会社 ②小会社に区分される会社で、総資産簿価が、卸売業の場合で20億円以上、それ以外の場合で10億円以上の小会社	70%以上
③中会社 ④小会社に区分される会社で、総資産簿価が、卸売業の場合で7000万円以上、小売・サービス業の場合で4000万円以上、その他の場合で5000万円以上の、②に該当しない小会社	90%以上

6章

リース取引の経理処理

リース取引は資産の賃貸借取引ですが、実質的には資金を借りて資産を購入する取引または資産の割賦購入などと同様の性格を有する取引もあります。また、リース取引は減価償却期間とリース期間との差などを利用した節税目的で行なわれる場合もあります。この章では、こうしたリース取引の性格に応じた経理処理について解説します。

1 ファイナンス・リース取引とはどのようなものか

➔物件購入などの性格があり、解約不能などの要件を備えるリース取引

リース取引とは、特定の物件の所有者たる貸し手（レッサー）が、その物件の借り手（レッシー）に対し、合意された期間（リース期間）にわたりこれを使用収益する権利を与え、借り手は、合意された使用料（リース料）を貸し手に支払う取引をいいます。レンタルとは異なります。

◘リースとレンタルの違い

区　分	物件の選定	契約期間の長短	中途解約	保守・修繕義務
リース	借り手が指定	原則、長期間	原則不可	原則、借り手
レンタル	在庫にある物件	原則、短期間	原則可能	レンタル会社

リース取引の導入の可否のポイントとは

リース取引を利用する際には、次のようなポイントを検討します。

①物件の購入資金がない場合、割賦払いの購入・資金借入・リースによる金利・支払条件・自社の借入余力の有無などを比較検討する

②保険料、固定資産税、維持管理などについて、リースの場合による費用負担と、購入の場合による費用や自社の事務の負担を比較検討する

③リース料と購入の場合の減価償却費を比較し、節税効果の有無を確認する。ただし、リース期間の短縮が税務処理に与える影響に注意する

リース取引の会計処理は２つに大別される

会計基準ではリース取引を２つに大別し、会計処理も区別しています。

ファイナンス・リース取引	資金調達・物件購入の性格あり	売買処理
オペレーティング・リース取引	資金調達・物件購入の性格があるとはいえない	賃貸借処理

■ファイナンス・リース取引の該当要件

一度にかかってしまう物件購入費用をリース期間で按分して負担する資金調達の側面があることから、「ファイナンス」の名前があるわけです。

そして、次の要件に当てはまるのが**ファイナンス・リース取引**、当てはまらないのが、**オペレーティング・リース取引**となります。

❶解約不能のリース取引

ファイナンス・リース取引に該当するのは、まずリース契約に基づくリース期間中に、契約を解除することができないリース取引、または解約不能に準ずるリース取引であることです。この解約不能に準ずるリース取引には、法的形式上は解約可能でも、相当の違約金の支払いが必要になるなど、事実上、解約不能と認められる次の取引も含まれます。

イ　解約時に、未経過のリース期間にかかるリース料のおおむね全額を、損害金として支払うリース取引

ロ　解約時に、未経過のリース期間のリース料から、借り手の負担とならない未経過のリース期間の利息等として、一定の算式で算出した額を差し引いたもののおおむね全額を、損害金として支払うリース取引

❷経済的利益の享受とコストの負担

さらに、解約不能のリース取引が、次の2つの要件を満たすと、ファイナンス・リース取引となります。

①借り手が、その契約に基づいて使用する物件（リース物件）からもたらされる経済的利益を実質的に享受することができること

「経済的利益を実質的に享受する」とは、「リース物件を自己所有するなら得られると期待される、ほとんどすべての経済的利益を享受する」ことを意味します。

②そのリース物件の使用にともなって生じるコストを実質的に負担すること

「使用にともなって生じるコストを実質的に負担する」とは、「リース物件の取得価額相当額、維持管理などの費用、陳腐化によるリスクなど、ほとんどすべてのコストを負担する」ことを意味します。

2 ファイナンス・リース取引の形式的な判定のしかた

➔判定は、現在価値や耐用年数により行なう

ファイナンス・リース取引の判定は経済的実質により行なうのが原則ですが、「経済的利益を実質的に享受」できているのか、「コストを実質的に負担」しているのかといった判定は困難な場合があります。そこで、会計基準では実務に使用できるような形式的な判定基準を規定しています。

■ファイナンス・リース取引の形式的な判定のしかた

解約不能なリース取引で、次の①または②のいずれかに該当する場合には、ファイナンス・リース取引であると形式的に判定されます。

①**現在価値基準**…解約不能のリース期間中のリース料総額の現在価値が、そのリース物件を借り手が現金で購入するものと仮定した場合の合理的見積金額（見積現金購入価額）のおおむね90％以上であること

②**経済的耐用年数基準**…解約不能のリース期間が、そのリース物件の経済的耐用年数のおおむね75％以上であること

ただし、リース物件の特性、経済的耐用年数の長さ、リース物件の中古市場の存在などを勘案すると、上記①の判定結果が90％を大きく下回ることが明らかな場合には、②の基準を満たしてもファイナンス・リース取引とは判定されません。

■現在価値基準の適用のしかた

上で述べた現在価値基準を適用する場合には、次の点に留意します。

⑴　リース料総額の算定上、保守・維持管理費用相当額は含めないのが原則ですが、契約書などで保守・維持管理費用相当額が明示されない場合が多いことなどから、維持管理費用相当額がリース料に占める割合に重要性が乏しい場合は、これをリース料総額に含めることができます。

(2) リース契約上に残価保証の取決めがある場合は、残価保証額をリース料総額に含めます。残価保証とは、リース期間終了時に、リース物件の処分価額が契約上取り決めた保証価額に満たない場合は、借り手が、その不足額を貸し手に支払う義務があることをいいます。

(3) 借り手が現在価値の算定のために用いる割引率は、貸し手の計算利子率を知り得る場合はその利率とし、知り得ない場合は借り手の追加借入に適用されると合理的に見積もられる利率とします。

■現在価値基準による判定の例

❶リース取引　次のようなリース契約を結びました。

・解約不能のリース期間５年
・見積現金購入価額27,000千円（借り手は貸し手の購入価額を知らない）
・借り手の追加借入利子率　年７％（借り手は貸し手の計算利子率を知り得ない）
・月額リース料500千円（毎月末に支払い）
・経済的耐用年数８年

❷割引現在価値の算定　貸し手の計算利子率を知り得ないため、借り手の追加借入利子率である年７％を用いて、リース料総額を次のように現在価値に割り引きます。

＊$500/(1+0.07\times1/12)+500/(1+0.07\times1/12)^2+500/(1+0.07\times1/12)^3+\cdots\cdots+500/(1+0.07\times1/12)^{60}=25,250$千円

∴現在価値25,250千円／見積現金購入価額27,000千円＝93.5％＞90％

❸経済的耐用年数基準による判定

リース期間５年／経済的耐用年数８年＝62.5％＜75％

したがって、①により、このリース取引はファイナンス・リース取引に該当します。

3 所有権移転の有無によるファイナンス・リース取引の区分

➔リース期間終了後に所有権が借り手に移転するかなどで判断する

ファイナンス・リース取引の会計処理は売買処理であると解説しましたが、次のように、簡便な賃貸借処理を採用できるものがあります。

■リース取引に重要性が乏しい場合は賃貸借処理

ファイナンス・リース取引でも、次のいずれかに該当する場合、リース資産に重要性が乏しいとして賃貸借処理を採用することができます。

①購入時に費用処理できる基準額以下のリース取引（※１）
②リース期間が１年以内のリース取引
③契約１件当たりのリース料総額が300万円以下のリース取引（※２）

（※１）リース契約に複数の単位のリース物件が含まれる場合、その物件の単位ごとに適用する。また、リース料総額に利息相当額が含まれている場合には、利息相当額だけ基準額を高めに設定することができる。

（※２）所有権移転外ファイナンス・リース（次ページ参照）のみに適用。保守・維持管理費用相当額のリース料総額に占める割合が重要な場合、リース料総額から、その合理的見積額を除くことができる。また、１つのリース契約に科目の異なる有形または無形固定資産が含まれる場合は、異なる科目ごとの合計金額により判定できる。

ここで、賃貸借処理による仕訳例を紹介しておきます。

❶リース取引　リース契約４月１日、リース期間１年、リース料1,000千円／６か月、支払いは９月30日と３月31日のリース契約を結びました。

❷リース開始日　仕訳はありません。

❸９月30日	（借）支払リース料	1,000	（貸）現金預金	1,000
❹３月31日	（借）支払リース料	1,000	（貸）現金預金	1,000

所有権移転ファイナンス・リース取引とは

ファイナンス・リース取引と判定されたもののうち、次の①から③のいずれかに該当する場合には、**所有権移転ファイナンス・リース取引**に該当します。

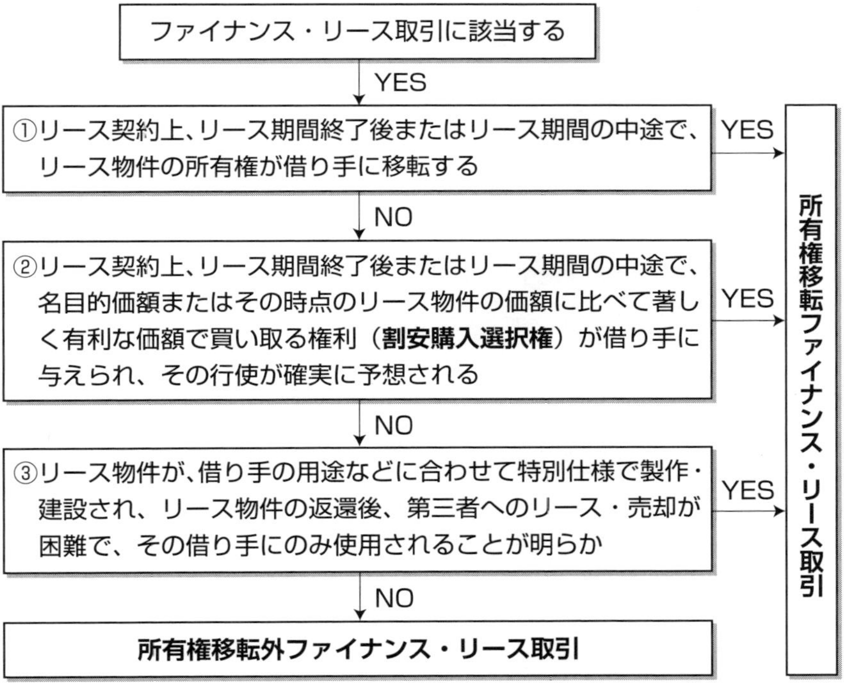
ファイナンス・リース取引に該当する
YES
①リース契約上、リース期間終了後またはリース期間の中途で、リース物件の所有権が借り手に移転する
YES
NO
②リース契約上、リース期間終了後またはリース期間の中途で、名目的価額またはその時点のリース物件の価額に比べて著しく有利な価額で買い取る権利（割安購入選択権）が借り手に与えられ、その行使が確実に予想される
YES
NO
③リース物件が、借り手の用途などに合わせて特別仕様で製作・建設され、リース物件の返還後、第三者へのリース・売却が困難で、その借り手にのみ使用されることが明らか
YES
NO
所有権移転外ファイナンス・リース取引
所有権移転ファイナンス・リース取引

ファイナンス・リース取引の会計処理の違い

所有権移転でも所有権移転外でも、売買処理は共通ですが、リース資産の計上方法や減価償却の計算方法などが異なるので注意が必要です。

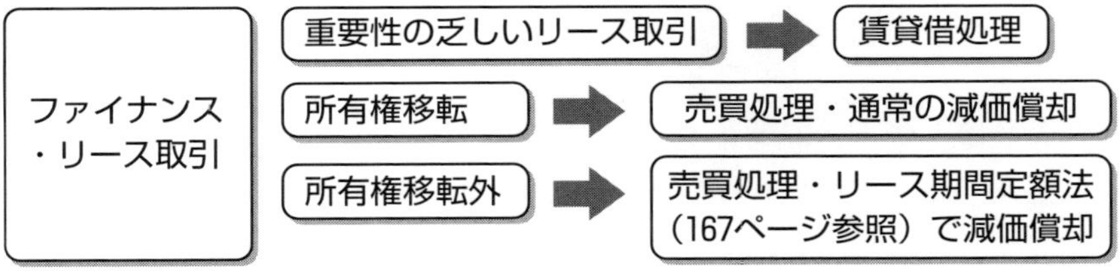
ファイナンス・リース取引
重要性の乏しいリース取引
賃貸借処理
所有権移転
売買処理・通常の減価償却
所有権移転外
売買処理・リース期間定額法（167ページ参照）で減価償却

4 ファイナンス・リース取引の借り手の会計処理とは

➔ファイナンス・リース取引は通常の売買取引として会計処理を行なう

ファイナンス・リース取引では、通常の売買取引として会計処理を行ないますので、借り手はリース資産とリース債務を計上し、減価償却資産については減価償却を行ないます。また、所有権移転の有無により会計処理の異なる点があるので注意が必要です。

◇ファイナンス・リース取引の会計処理のポイント

①リース料総額は、原則として、利息相当額部分とリース債務の元本返済額部分とに区分して計算する
②支払リース料のうち、利息分の配分額を支払利息として処理し、残額をリース債務の元本返済として処理する
③利息相当額の総額をリース期間中の各期に配分する方法は、原則として利息法による。この場合の利率は、リース料総額の現在価値が、リース取引開始日のリース資産の計上価額と等しくなる利率とする（168、169ページ参照）

■所有権移転外ファイナンス・リース取引に適用される特例処理

リース資産総額に重要性が乏しいと認められる場合（次ページの※）は、次の処理方法を適用することができます。

⑴　リース資産およびリース債務の計上にあたり、リース料総額から利息相当額の合理的な見積額を控除しないことができます。この場合、リース資産およびリース債務は、リース料総額で計上され、支払利息は計上されず、減価償却費のみが計上されることとなります。

⑵　リース料総額から控除された利息相当額を、定額法により配分するこ

とができます。

（※）リース資産総額に重要性が乏しいと認められる場合とは、未経過リース料の期末残高が、その期末残高・有形固定資産・無形固定資産の期末残高の合計額に占める割合が10％未満である場合です。

◇所有権移転の有無による会計処理の相違点

<table>
<tr><th></th><th>所有権移転</th><th>所有権移転外</th></tr>
<tr><td rowspan="2">リース資産およびリース債務の計上額</td><td>①借り手においてリース物件の貸し手の購入価額等が明らかな場合は、その価額</td><td>①借り手においてリース物件の貸し手の購入価額等が明らかな場合は、リース料総額を割引率で割り引いた現在価値と貸し手の購入価額等とのいずれか低い額（※１）</td></tr>
<tr><td colspan="2">②貸し手の購入価額等が明らかでない場合は、リース料総額の割引現在価値と見積現金購入価額とのいずれか低い額（※２）</td></tr>
<tr><td>減価償却方法</td><td>自己所有の固定資産に適用する減価償却方法と同一の方法による（耐用年数は、経済的使用可能予測期間とする）</td><td>リース期間を耐用年数、残存価額ゼロ（※３）として、定額法、級数法、生産高比例法などによる</td></tr>
<tr><td>リース期間終了時等の処理</td><td>リース期間の中途またはリース期間終了時に所有権が移転した場合、自己所有の固定資産に振り替え、減価償却を継続する</td><td>リース契約に残価保証の取決めがある場合は、貸し手に対する不足額の確定時に、その不足額をリース資産売却損等として処理する</td></tr>
</table>

（※１）残価保証がある場合、リース料総額には残価保証額を含む。
（※２）所有権移転ファイナンス・リース取引の場合、割安購入選択権があるときは、リース料総額にその行使価額を含む。
（※３）リース契約上に残価保証の取決めがある場合、原則として、残価保証額を残存価額とする。

5 ファイナンス・リース取引の借り手の会計処理はこうする

➡リース債務は流動負債または固定負債に表示するなどの注意点がある

貸借対照表上、リース資産は、有形固定資産、無形固定資産の別に、一括してリース資産として表示します。ただし、有形固定資産または無形固定資産に属する各科目に含めることもできます。また、リース債務は、ワン・イヤー・ルールにより流動負債または固定負債に表示します。

ファイナンス・リース取引の注記のしかた

リース資産について、その内容（おもな資産の種類等）および減価償却の方法を注記します。ただし、重要性が乏しい場合には、注記を省略できます。

重要性が乏しいと認められる場合とは、未経過リース料の期末残高がその期末残高、有形固定資産、無形固定資産の期末残高の合計額に占める割合が10％未満である場合です。

ファイナンス・リース取引（所有権移転外）の会計処理例

161ページの現在価値基準による判定例と同じ条件を使用します。

❶リース取引開始時

（借）リース資産　25,250　（貸）リース債務　25,250

◇リース料総額の現在価値25,250と、借り手の見積現金購入価額27,000のうち低い25,250千円を、リース資産とリース債務の計上価額とします。

❷最初のリース料支払時

（借）リース債務　353　（貸）現金預金　500
　　　支払利息　147

◇利息法によります。支払利息147＝25,250×7％×1／12

❸最終回の支払いとリース物件の返却時

（借）減価償却累計額　25,250　　（貸）リース資産　25,250

❹中途解約時（２年目末日に解約し、規定損害金17,000を支払った場合）

（借）減価償却累計額　10,100　　（貸）リース資産　25,250
　　　リース資産除却損　15,150

◎２年目末の減価償却累計額10,100＝リース期間定額法（25,250÷5）×2

◎差額をリース資産除却損として計上します。

（借）リース債務　16,180　　（貸）現金預金　17,000
　　　リース債務解約損　820

◎２年目末のリース債務未払残高を16,180と仮定すれば、規定損害金との差額820をリース債務解約損として計上します。

❺リース物件の残価保証が250、最終回支払い後の処分価額が150の場合

（借）減価償却累計額　25,000　　（貸）リース資産　25,250
　　　その他の流動資産　250

（借）リース資産売却損　100　　（貸）未払金　100

◎その他の流動資産は250（残価保証額）、リース資産売却損は残価保証額と処分価額との差額となります。

◎その他の流動資産はリース料として返済するため、リース債務と支払利息により相殺します。

その他の会計処理のしかた

(1)　現在価値基準の判定上、維持管理費用相当額をリース料総額から控除する場合は、リース料総額から維持管理費用相当額の合理的見積額を差し引いた額を支払利息と元本に区分して処理し、維持管理費用相当額は、その内容を示す科目で費用に計上します。

(2)　リース料総額に通常の保守などの役務提供相当額が含まれる場合、その役務提供相当額については、(1)に準じて会計処理を行ないます。

(3)　再リース期間を耐用年数に含めない場合の再リース料は、原則として、発生時の費用として処理します。

6 エクセルを利用した割引現在価値と利率の算定のしかた

➔リース取引の会計・税務処理に必要な現在価値や利率を自動計算する

ファイナンス・リース取引の判定やリース資産の取得価額の算定に必要な割引現在価値、利息法により利息相当額の総額をリース期間中の各期に配分する場合に必要な利率は、エクセルの関数で自動計算できます。

■割引現在価値とは

割引現在価値とは、将来の価値が現時点でいくらの価値になるかを示すもので、将来の価値を一定の割引率で割り引いて算定します。これは将来価値と現在価値が金利などの存在により異なるからです。割引現在価値は、リース会計のみならず、金融商品の価値の算定などにも利用されます。

1年後の価値100 ➡ 5％の運用利回りが適用できる ➡ 100÷（1＋5％） ➡ 現在の価値95

■エクセルによるリース料総額の現在価値の算定の例

❶リース取引　次のようなリース契約を結びました。

・月額リース料100千円　　支払いは毎月末

・リース期間5年　　リース料総額6,000千円

・借り手の追加借入利率　年5％（貸し手の利率は知ることができない）

❷現在価値を求める計算式

リース料総額6,000千円の追加借入利率5％による現在価値は、次の計算式により算定します。

＊現在価値 $= 100/(1+0.05\div12) + 100/(1+0.05\div12)^2 + 100/(1+0.05\div12)^3 + 100/(1+0.05\div12)^4 + 100/(1+0.05\div12)^5 + \cdots\cdots + 100/(1+0.05\div12)^{60} = 5{,}299$ 千円

◇リース料の支払いは月額なので、年利率を12で割ります。

❸エクセルのPV（現在価値Present Value）関数を用いた求め方

＊現在価値＝PV（年利率５％、期間60か月、定期支払額100千円、将来価値ゼロ、支払期日）＝PV(0.05/12,60,100,0,0)＝5,299千円

◇将来価値は最後の支払い後の収支を示すのでゼロにします。

◇支払期日は、期末なら０または省略、期首なら１とします。

■利息法による利息相当額の配分をする場合の利率の算定の例

利息相当額はリース料総額とリース料総額の現在価値または見積現金購入価額との差額となり、これをリース期間に配分する利率を算定します。

❶リース取引　前ページの現在価値の算定例と同じとし、見積現金購入価額5,000千円をリース資産の取得価額およびリース債務の元本とします。

❷利率を求める計算式　次の計算式により利率（r）を求めます。

＊$100/(1+r\div12)+100/(1+r\div12)^2+100/(1+r\div12)^3+100/(1+r\div12)^4+100/(1+r\div12)^5+\cdots\cdots+100/(1+r\div12)^{60}=5,000$

∴r＝7.420％（年利率）

❸エクセルのRATE関数を用いた利率の求め方

＊利率＝RATE（期間、定期支払額、現在価値、将来価値、支払期日）＝RATE(60,100,-5000,0,0)＝0.006183413　∴年利率＝利率×12＝7.420％

◇支払側の現在価値を示すため、金額をマイナスで入力します。

回数	前月末元本	リース料	元本分	利息分	月末元本
1	5,000	100	69	31	4,931
2	4,931	100	70	30	4,861
3	4,861	100	70	30	4,791
4	4,791	100	70	30	4,721

利息分＝前月末元本×7.42%÷12

7 オペレーティング・リース取引の注記と転貸リース取引の処理

➡オペレーティング・リース取引では未経過リース料を注記する

オペレーティング・リース取引のうち解約不能のものにかかる未経過リース料は、重要性が乏しい場合を除き、貸借対照表日後１年以内のリース期間にかかるものと、１年を超えるものとに区分して注記します。

オペレーティング・リース取引の重要性が乏しい場合は

重要性が乏しい次のオペレーティング・リース取引は注記不要です。

①購入時に費用処理できる基準額以下のリース取引
②リース期間が１年以内のリース取引
③契約上、数か月程度の事前予告をもって解約できるものと定められているリース契約で、その予告した解約日以降のリース料の支払いを要しない事前解約予告期間にかかる部分のリース料
④リース契約１件当たりのリース料総額が300万円以下のリース取引

転貸リース取引（転リース取引）の借り手の会計処理のしかた

リース物件の所有者からその物件のリースを受け、さらに同一物件をおおむね同一の条件で第三者にリースする転貸リース取引では、借り手としてのリース取引および貸し手としてのリース取引の双方がファイナンス・リース取引に該当する場合、会計処理は次のようになります。

⑴　貸借対照表上はリース債権またはリース投資資産とリース債務の双方を計上します。

⑵　通常のファイナンス・リース取引（貸し手）で必要となる支払利息、売上高、売上原価などは計上しません。

⑶　貸し手として受け取るリース料総額と、借り手として支払うリース料

総額の差額を手数料収入として各期に配分し、損益計算書に転リース差益などとして計上します。

■転リース取引の注記事項は

リース債権またはリース投資資産とリース債務を利息相当額控除前の金額で計上する場合は、貸借対照表に含まれるリース債権またはリース投資資産とリース債務の金額を注記します。

■転リース取引の会計処理の例（ファイナンス・リース取引に該当）

❶リース取引と転リース取引　解約不能期間はいずれも５年です。

・当初のリース取引における見積現金購入価額48,000千円

・リース料総額60,000千円（年１回の支払い）、追加借入利子率　年８％

・最初の年の利息相当額3,740千円、元本返済額8,260千円

・転リースのリース料総額60,500千円（年１回の支払い）

❷転リース取引の開始時

（借）リース投資資産	48,000	（貸）リース債務	48,000

◇当初のリース取引における見積現金購入価額を計上します。

❸転リース料の受取日

（借）現金預金	12,100	（貸）リース投資資産	8,260
		預り金	3,740
		転リース差益	100

◇貸し手としてのリース料総額60,500千円と、借り手としてのリース料総額60,000千円との差額500千円を、毎年定額（500÷５年）で手数料（転リース差益）として配分します。

◇この転リース取引において手数料収入以外の利益は生じないため、利息相当額については預り金として処理しています。

❹当初リース料の支払日

（借）リース債務	8,260	（貸）現金預金	12,000
預り金	3,740		

6章 リース取引の経理処理

8 リース取引の税務処理のしかた

➔税務上、リース取引に該当する場合には売買処理とする

リース取引の税務処理では、リース取引が税務上のリース取引に該当する場合、売買処理となるので、賃貸人から賃借人へのリース資産の引渡しのときに、リース資産の売買があったものとして所得計算を行ないます。ここでは、税務上のリース取引の範囲について確認します。

リース取引とは

税務上のリース取引とは、会計上のファイナンス・リース取引に該当するものです。ただし、税務上の定義については、次の点に留意します。

会計上の定義	税務上の定義
「解除をすることができないものに準ずるもの」	①解約時に未経過リース料の90%以上の支払いをすること
	②その賃貸借期間中に解約をする場合の条項として、賃借資産を更新するための解約で、その解約にともない、より性能の高い機種またはおおむね同一の機種を、同一の賃貸人から賃貸を受ける場合は、解約金の支払いを不要とする契約
「資産の使用に伴って生ずる費用を実質的に負担すること」	リース料の総額が資産の取得のために通常要する価額の90%以上であるとしていること

90%基準の判定にあたっての留意点

税務上、資産の使用にともなって生ずる費用を実質的に負担しているとされる場合の90%の判定は、次の場合に応じて行ないます。

①資産の賃貸借にかかる契約等において、賃借人が賃貸借資産を購入する権利を有し、その権利の行使が確実であると認められる場合

＊（リース料総額＋権利行使による購入価額または残価に相当する金額（※））≧賃貸借資産の取得価額×90％

（※）残価に相当する金額＝（賃貸借資産の取得価額＋付随費用の額）－リース料としての回収額

②資産の賃貸借契約などにおいて、中途解約にともない賃貸借資産を賃貸人が処分し、未経過期間に対応するリース料の額からその処分価額の全部または一部を控除した額を賃借人が支払うこととしている場合

＊リース料総額＋賃借人が支払うこととなる金額（※）≧賃貸借資産の取得価額×90％

（※）賃借人が支払うこととなる金額＝未経過リース料－賃貸人の賃貸借資産の処分価額

（注）この②の取扱いは、「解除をすることができないものに準ずるもの」の90％以上の解約料支払いの判定にも適用される。

リース資産の減価償却計算のしかた

税務上、リース取引に該当する場合、所有権移転リース取引の資産の減価償却は通常の減価償却と同じ方法で行ないますが、所有権移転外リース取引に該当する資産の減価償却は**リース期間定額法**で行ないます。

＊リース期間定額法による償却限度額＝リース資産の取得価額（※）×当期のリース期間の月数÷リース期間の月数合計

（※）残価保証額の金額が含まれている場合、その額を控除した金額。

［例］取得価額100万円、リース期間５年、期首取得の場合の各事業年度の減価償却限度額は20万円となる。

（注）所有権移転外リースの場合、少額減価償却資産（10万円未満）と一括償却資産（20万円未満）の損金算入は適用されないが、中小企業者等の少額減価償却資産の取得価額（30万円未満）の損金算入の特例は適用される。所有権移転リースの場合は上記３つの規定が適用される。

9 リース期間定額法が適用されるリース取引の範囲とは

➔リース期間定額法は所有権移転外リース取引の資産に適用される

リース期間定額法が適用される所有権移転外リース取引とは、会計上と同様に、所有権移転リース取引以外の取引とされているので、所有権移転リース取引の範囲を確認する必要があります。これはおおむね会計上の範囲と同様ですが、税務特有の判定のしかたについて注意が必要です。

■所有権移転外リース取引に該当しないものとは

税務上、所有権移転外リース取引は所有権移転リース取引以外のものです。所有権移転リース取引は、会計基準の所有権移転ファイナンス・リース取引の範囲とおおむね同様ですが、次の税務特有の要件があります。

①リース資産の識別が困難であると認められるものであること

②そのリース取引にかかる賃借人の法人税の負担を著しく軽減することになると認められるもので（※）、リース期間が目的資産の耐用年数に比べて相当短いものであること（再リース期間を含めたリース期間が、リース資産の耐用年数の70%、耐用年数が10年以上の場合は60%を下回るもの。ただし１年未満の端数切捨て）

③リース期間の終了後、無償と変わらない名目的な再リース料によって再リースをすることがリース契約において定められているリース取引（事実上、当事者間において予定されていると認められるものを含む）

④賃貸人に対して、そのリース取引にかかるリース資産の取得資金の全部または一部を貸し付けている金融機関等が、賃借人から資金を受け入れ、その資金で、賃借人のリース料などの債務のうち賃貸人の借入金の元利に対応する部分の引受けをする構造になっているリース取引

（※）賃借人のそれまでのリース取引の状況などから、リース期間終了後にリース資産が賃貸人に返還されることが明らかな取引は該当しない。

◇左記④の取引のしくみ

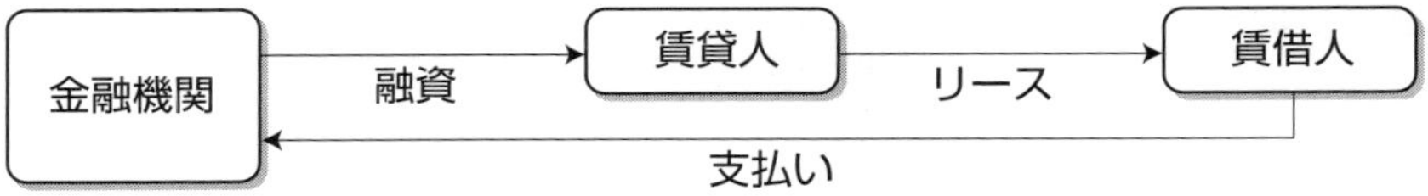

■割安購入選択権の「著しく有利な価額」に該当しない場合は

所有権移転リースとなる割安購入選択権に該当するかどうかの判定において、リース資産の賃借人による購入価額が、次の計算式による金額以上の場合、その購入価額が権利行使時の公正な市場価額に比べて著しく下回るものでない限り、著しく有利な価額には該当しません。

＊購入価額≧賃貸人が定率法により算定したときのリース資産の未償却残額（その未償却残額がそのリース資産の取得価額の５％相当額を下回る場合には、５％相当額）

◇リース資産の賃借人による専属使用の判定のしかた

①建物、建物附属設備、構築物の場合

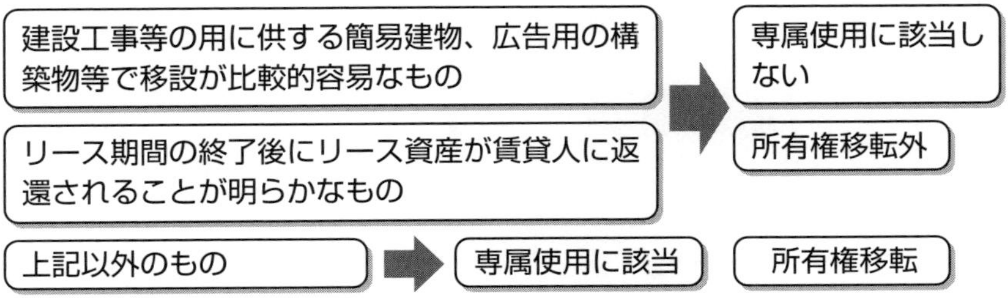

②機械装置等の場合

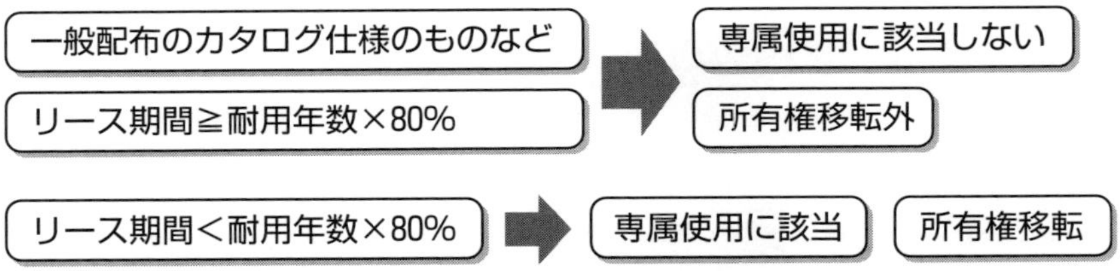

（注）耐用年数の80％に１年未満の端数がある場合は切捨て。

10 リース取引の会計・税務処理のまとめ

➡会計・税務上の処理に違いがある場合には、申告調整が必要となる

リース取引が会計上のファイナンス・リース取引に該当する場合、税務上のリース取引は会計上のファイナンス・リース取引とおおむね同じ範囲となっているので、会計上と税務上との間で原則として処理に差は生じませんが、重要性が乏しい場合の取扱いなどについては注意が必要です。

◇リース取引の借り手の会計・税務処理

<table>
<tr><th colspan="3">会計上の分類</th><th>会計処理</th><th>税務処理</th></tr>
<tr><td rowspan="7">ファイナンス・リース</td><td rowspan="3">所有権移転リース</td><td>費用処理できる基準額以下の場合</td><td rowspan="2">賃貸借処理</td><td rowspan="2">売買処理（10万円未満または一定の中小企業者で30万円未満の場合は費用処理）</td></tr>
<tr><td>リース期間が1年以内の場合</td></tr>
<tr><td>上記以外の場合</td><td colspan="2">売買処理</td></tr>
<tr><td rowspan="4">所有権移転外リース</td><td>費用処理できる基準額以下の場合</td><td rowspan="3">賃貸借処理</td><td rowspan="2">売買処理（一定の中小企業者で30万円未満の場合は費用処理）</td></tr>
<tr><td>リース期間が1年以内の場合</td></tr>
<tr><td>リース契約1件当たりのリース料総額が300万円以下の場合</td><td>売買処理</td></tr>
<tr><td>上記以外の場合</td><td colspan="2">売買処理</td></tr>
<tr><td colspan="3">オペレーティング・リース</td><td colspan="2">賃貸借処理</td></tr>
<tr><td colspan="3">セール・アンド・リースバック（178ページ参照）</td><td>売買損益の繰延処理</td><td>金融取引では借入金処理</td></tr>
</table>

リース取引の税務処理の例

●リース取引　機械装置をリース期間５年、年リース料800千円でリースしました。会計上は賃貸借処理、税務上は売買処理をしています。リース料総額を機械装置の取得価額とし、償却率（定率法）は0.167とします。

会計処理	①リース料の支払い時 （借）リース料　800,000　（貸）現金預金　800,000
税務処理	①機械装置の取得時 （借）機械装置　4,000,000　（貸）リース債務　4,000,000 ②リース料の支払時 （借）リース債務　800,000　（貸）現金預金　800,000 ③減価償却費の計上 （借）減価償却費　668,000　（貸）減価償却累計額　668,000 ◇償却費668,000＝4,000,000×0.167
◎**申告調整**　賃借料は減価償却費として損金経理した金額に含まれるので、賃借料と減価償却限度額との差額を加算処理するとともに、機械装置の税務上の簿価を受入処理する。 ［別表四］減価償却超過額（加算・留保）132,000 ［別表五（一）Ⅰ］（当期増）機械装置3,332,000、リース債務△3,200,000	

消費税の課税仕入れの時期

リース取引による課税資産の譲り受けが消費税の課税仕入れに該当する場合、課税仕入れの日は、その資産の引渡しを受けた日となります。ただし、所有権移転外リース取引について賃借人が賃貸借処理をしている場合で、そのリース料について支払うべき日の属する課税期間における課税仕入れなどとして消費税の申告をすることも認められます。

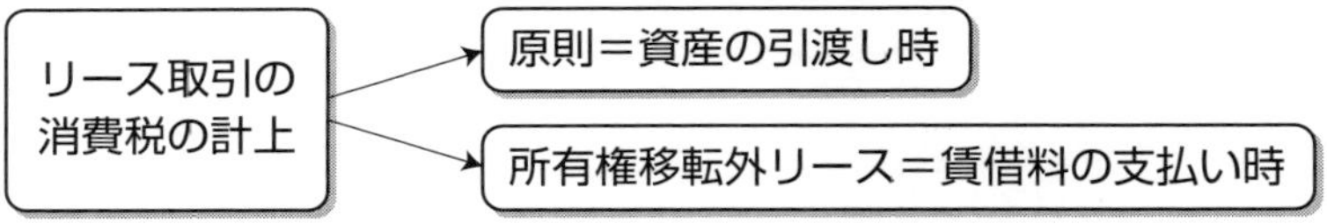

11 セール・アンド・リースバック取引の会計処理のしかた

➔セール・アンド・リースバック取引では売買損益を繰延処理する

所有していた物件を他者に売却し、その者からその物件のリースを受ける取引を「**セール・アンド・リースバック取引**」といいます。セール・アンド・リースバック取引は、リース取引の会計処理にリース物件の売却による損益の処理を組み合わせたものとなります。

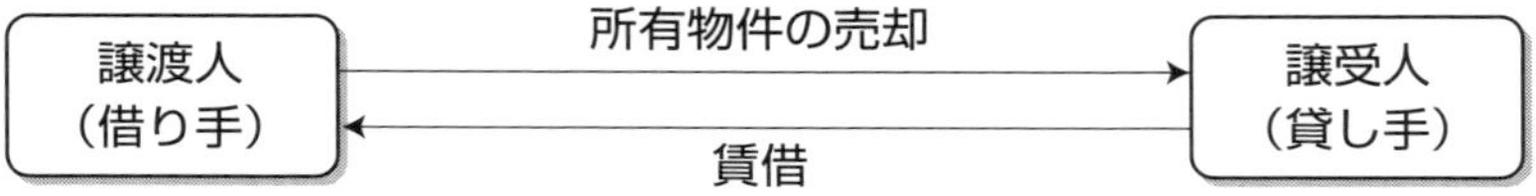

セール・アンド・リースバック取引の会計処理のポイント

セール・アンド・リースバック取引がファイナンス・リース取引に該当するかどうかの判定では、経済的耐用年数については、リースバック時におけるリース物件の性能や陳腐化の状況などを考慮して見積もった経済的使用可能予測期間を用いるとともに、リース物件の見積現金購入価額については、実際売却価額を用います。

セール・アンド・リースバック取引がファイナンス・リース取引に該当する場合、その借り手の会計処理のポイントは次のとおりです。

①売却時には、その損益を長期前払費用（売却損）または長期前受収益（売却益）などとして繰延処理し、リース資産の減価償却費の割合に応じて、その減価償却費に加減して損益に計上する
②売却損失が、物件の合理的な見積市場価額が帳簿価額を下回ることにより生じたものであることが明らかな場合は、売却損を売却時の損失として計上する
③その後の会計処理は、ファイナンス・リース取引と同様

セール・アンド・リースバック取引の借り手の会計処理の例

❶セール・アンド・リースバック取引　当社は資金調達のために所有設備を譲渡し、リースバックすることとしました（単位：千円）。

・対象資産　取得価額10,000（譲渡時の簿価4,500）
　　　　　　定額法10年により減価償却
・リースバックの条件（所有権移転外ファイナンス・リースに該当）
・譲渡価額5,000　解約不可リース期間５年
・リース料総額6,000（１年ごとの後払い、支払利息は定額で配分）
・リースバック時以後の経済的耐用年数５年（定額法で減価償却）

❷譲渡時

（借）	現金預金	5,000	（貸）	機械装置	4,500
				長期前受収益	500
	機械装置	5,000		リース債務	5,000

◎譲渡益は長期前受収益（負債）として減価償却の割合（５年間定額）で償却し、譲渡価額をリース資産およびリース債務の計上金額とします。

❸最初のリース料支払時（支払利息を定額法により処理）

（借）	リース債務	1,000	（貸）	現金預金	1,200
	支払利息	200			

◎利息相当額の配分額200＝(6,000－5,000)÷5
◎リース債務の返済額1,000＝(6,000÷5年)－200

❹減価償却費の計上

（借）	減価償却費	1,000	（貸）	減価償却累計額	1,000
	長期前受収益	100		長期前受収益償却	100

◎損益計算書では、減価償却費から長期前受収益償却額を控除して表示するので、減価償却費は1,000－100＝900となります。

12 セール・アンド・リースバック取引の税務処理のしかた

➡税務上、金融取引に該当する場合には金銭の貸借取引として処理する

税務上、セール・アンド・リースバック取引（リース取引に該当するものに限る）は、一連の取引が実質的に金銭の貸借であると認められるときは、その資産の売買はなかったものとし、かつ、譲受人から譲渡人に対する金銭の貸付けがあったものとして、所得計算を行ないます。

金融取引に該当しないリース取引とは

実質的に金銭の貸借取引に該当するかどうかは、その資産を担保とする金融取引を行なうことを目的とするかどうかで判定します。したがって、次のような取引は金融取引に該当せず、リース取引として処理します。

①譲渡人が資産を購入し、その資産をリース契約により賃借するために譲受人に譲渡する場合に、譲渡人が譲受人に代わり資産を購入することに次のような相当な理由があり、かつ、その資産を立替金・仮払金などの仮勘定で経理し、譲渡人の購入価額により譲受人に譲渡するもの

イ　導入する資産が多く、譲渡人が資産を購入したほうが効率的なこと

ロ　輸入機器のように通関事務などに専門的知識が必要とされること

ハ　これまでの取引状況から譲渡人のほうが安く資産を購入できること

②法人が事業の用に供している資産について、その資産の管理事務の省力化などのために行なわれるもの

金融取引に該当する場合の税務処理のしかた

金銭の貸借とされるリース取引で、その資産の売買により譲渡人が譲受人から受けた金額は借入金の額として扱い、譲渡人が支払うリース料のうち、元本返済額と利息等との区分は原則として利息法で行ないますが、定額法も認められます。減価償却も従前どおり行ないます。

■セール・アンド・リースバック取引（金融取引）の借り手の税務処理例

●セール・アンド・リースバック取引　次の条件で、機械装置の譲渡とリース取引を行ないました。会計上は売買・賃借処理をしましたが、税務上は金融取引に該当します。

・機械装置の譲渡対価5,000千円、簿価3,000千円（償却率0.25：定率法）

・リース期間５年、年リース料1,200千円（うち利息200千円）

会計処理	①譲渡時 （借）現金預金 5,000　（貸）機械装置 3,000 　　　　　　　　　　　　　機械装置売却益 2,000 ②最初のリース料支払時 （借）リース料 1,000　（貸）現金預金 1,200 　　　支払利息 200
税務処理	①譲渡時 （借）現金預金 5,000　（貸）借入金 5,000 ②最初のリース料支払時 （借）借入金 1,000　（貸）現金預金 1,200 　　　支払利息 200 ③減価償却費の計上 （借）減価償却費 750　（貸）減価償却累計額 750 ◇償却費750＝3,000×0.25

◎申告調整　リース料は減価償却費として損金経理した金額に含まれるので、リース料と税務上の償却限度額との差額を申告調整する。また、機械装置は税務上の簿価を受入処理する。

［別表四］減価償却超過額（加算・留保）250,000
　　　　　機械装置売却益否認（減算・留保）2,000,000

［別表五（一）］「Ｉ利益積立金額」（当期増）機械装置2,250,000、
　　　　　借入金△4,000,000

13 不動産のリース取引の会計・税務処理のしかた

➔不動産のリース取引は原則として賃貸借取引として処理する

会計上、土地や建物等の不動産のリース取引（賃貸借契約のものも含む）も、ファイナンス・リース取引とオペレーティング・リース取引に区分して処理します。ただし、土地の判定方法は、ほかの資産とは異なります。

■土地の賃貸借についての会計上の取扱いは

土地については、次のいずれかに該当する場合を除き、オペレーティング・リース取引に該当するものとして、賃貸借処理を行ないます。

①リース契約上、リース期間終了後またはリース期間の中途で、リース物件の所有権が借り手に移転することとされているリース取引

②リース契約上、借り手に対して、リース期間終了後またはリース期間の中途で、名目的価額またはその行使時点のリース物件の価額に比べて、著しく有利な価額で買い取る権利（割安購入選択権）が与えられており、その行使が確実に予想されるリース取引

■土地と建物等を一括したリース取引の会計上の取扱いは

土地と建物等を一括したリース取引（建物賃貸借契約とされているものも含む）は、原則として、合理的な方法で、リース料総額を土地にかかる部分と建物等にかかる部分とに分割したうえで、ファイナンス・リース取引の判定を行ないます。

■土地の賃貸借の税務上の取扱いは

❶税務上のリース取引に該当しないもの

法人税法施行令138条１項の「借地権の設定等により地価が著しく低下する場合の土地等の帳簿価額の一部の損金算入」の適用のあるもの

◘著しい低下の判定

＊ $\dfrac{\text{設定直前の土地等の価額}-\text{設定直後の土地等の価額}}{\text{設定直前の土地等の価額}} \geqq 50\%$

のときは「著しい低下」に該当する

❷税務上のリース取引に該当するもの

イ　その土地の契約上の賃貸借期間の終了のとき、または賃貸借期間の中途において、その土地が無償または名目的な対価の額で、賃貸借にかかる賃借人に譲渡されるもの

ロ　その土地の賃貸借にかかる賃借人に対し、賃貸借期間終了のとき、または賃貸借期間の中途において、その土地を著しく有利な価額で買い取る権利が与えられているもの

ハ　賃貸借期間の終了後、無償と変わらない名目的な賃料によって更新することが賃貸借契約において定められている賃貸借（事実上、当事者間において、そのことが予定されていると認められるものを含む）

ニ　賃貸人に対して、その賃貸借にかかる土地の取得資金の全部または一部を貸し付けている金融機関等が、賃借人から資金を受け入れ、その資金で、賃借人の賃借料等の債務のうち、賃貸人の借入金の元利に対応する部分の引受けをする構造になっている賃貸借（175ページ参照）

◘土地の賃貸借の取扱い

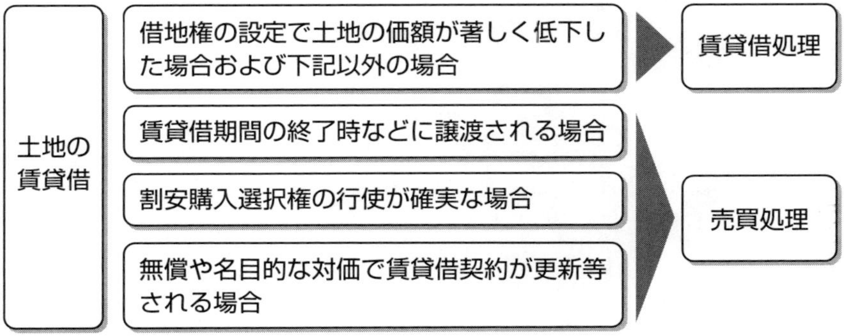

7章

資本取引の経理処理

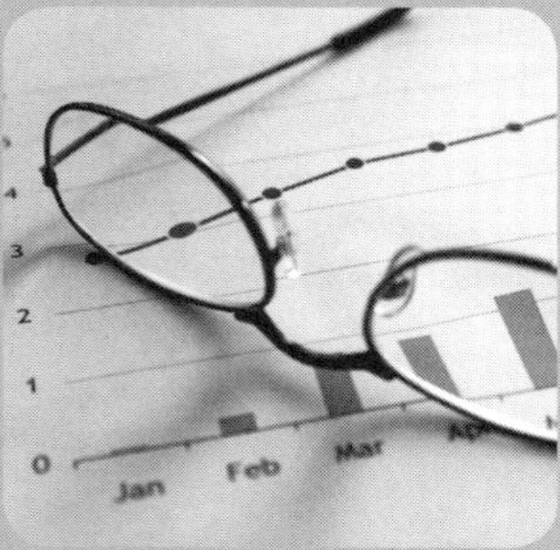

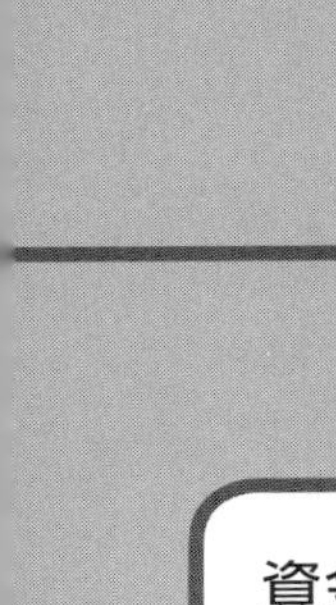

資金調達の方法として、１章で解説した金融機関等からの借入、社債発行などのほかに、株式の発行があり、それに付随する株主との取引である、自己株式の取得・処分、分配可能額を生じさせるための準備金等の取崩し、配当金の支払いなどの資本取引も、経理処理としてきわめて重要です。この章では、資本取引に関する経理処理について解説します。

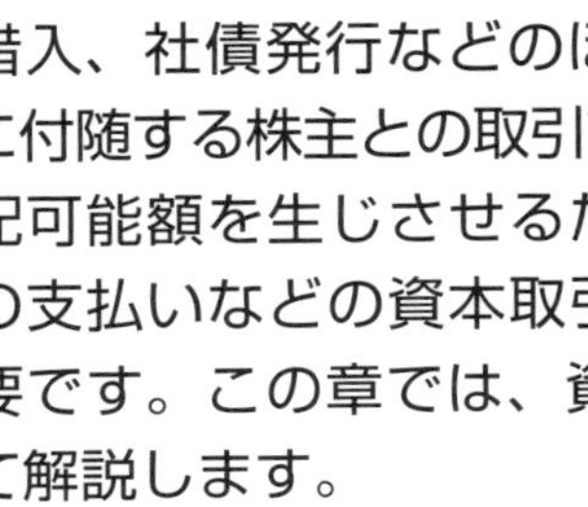

1 新株（募集株式）発行による増資の会計・税務処理のしかた

➔原則として、発行株式総額を資本金とする

株式会社が、資金調達目的で株式を発行することを**新株発行**といいます。新株発行には、次のような種類があります。

①**株主割当**：既存の株主に対する、持株数に応じた株式の割当て

②**第三者割当**：取引先や従業員など、会社に関係のある者への割当て

③**公募**：不特定・多数の者に対して引受けの勧誘を行なうもの

発行会社では、原則として発行した株式の総額を資本金としますが、例外として、発行価額の２分の１を超えない額を、資本金とせずに、株式払込剰余金（資本準備金）とすることもできます。

（借）現　金　預　金　1,000,000　　（貸）資　　本　　金　1,000,000

株式交付費の会計・税務処理のしかた

株式募集のための広告費、金融機関の取扱手数料、証券会社の取扱手数料、目論見書・株券等の印刷費、変更登記の登録免許税など、株式交付のために直接支出した費用を**株式交付費**といいます。株式交付費の会計処理は次のとおりです。税務処理も会計処理と同様、随時償却できます。

⑴　原則として支出時の費用（営業外費用）とします。

（借）株 式 交 付 費　300,000　　（貸）当　座　預　金　300,000

⑵　ただし、企業規模の拡大のためにする新株発行などの株式交付費については、株式交付のときから３年以内のその効果の及ぶ期間にわたり、繰延資産として定額法により償却することができます。

[支出時]

（借）株 式 交 付 費　300,000　　（貸）当　座　預　金　300,000

[３年で償却する場合の各年度]

（借）株式交付費償却　100,000　　（貸）株 式 交 付 費　100,000

第三者割当増資の目的と留意事項

❶第三者割当増資を行なう目的

①資本提携や事業支援・会社再建にともなう資金調達のため
②敵対的買収の対抗策として、友好的な投資家等に株式を割り当てるため
③非上場会社などの事業承継対策として、後継者に株式を割り当てるため

❷留意事項

第三者割当増資は、既存株主にとって持株比率が低下するうえ、不公正な価格で新株発行等が実施された場合は経済的な不利益を被るおそれもあるため、発行手続きは会社法により既存株主に配慮した形で詳細に決められています。特に新株を「特に有利な価格」で発行するときは、会社の取締役は株主総会でその理由を開示して特別決議を経る必要があります。

また、税務上、法人株主が株式を特に有利な価格で取得した場合には、その株式の取得価額は払込金額ではなく、その有価証券の時価となるので、有利な価額で株式を発行する場合には総合的な判断が必要です。

◇新株発行決定に必要な手続き

新株を株主に割り当てる場合	原則として取締役会の決議が必要で、非公開会社の場合は株主総会の特別決議が必要だが、定款の規定により取締役の決定または取締役会の決議によることができる
新株を株主以外に割り当てる場合	原則として株主総会の特別決議が必要だが、株主総会特別決議により取締役・取締役会に委任できる。ただし、公開会社は有利発行の場合を除き、取締役会で決定できる

税務上の資本金増加の日

資本金の増加の日は、金銭等の払込みによる増資の場合は、原則として払込みをした日となるので、その日に資本金増加の処理をします。

[申告書の記載例]　[別表五（一)]

「Ⅱ資本金等の額」（当期増）資本金2,000,000、資本準備金500,000

2 資本金の取崩し（減資）の会計・税務処理のしかた

➔資本金を減少させるものや株式の買入消却をともなうものなどがある

減資とは資本金の額を減少させることです。減資は、事業規模の縮小や損失の解消などの目的で行なわれることがあります。損失の解消で、剰余金の配当や優先株式（203ページ参照）の発行などが可能となるからです。

減資の方法にはどんなものがあるか

資本金を取り崩す減資には、次の方法があります。

①株式の買入消却をともなうもので、実質的に会社財産が縮小するもの

②資本金から資本準備金やその他資本剰余金に振り替えるもので、株主資本の内訳が変わるだけのもの

減資による欠損てん補とは

会社法上、**欠損**とは分配可能額がマイナスのことをいいます。このマイナスの状態を減資により補てんし、配当可能な状態にします。減資による**欠損てん補**では、資本金をその他資本剰余金に振り替え、マイナスの繰越利益剰余金と相殺します。

減資の手続きの流れとは

会社法上のおおまかな減資の流れは下記となります。

①減資の株主総会決議 → ②債権者への公告と催告 → ③異議債権者への弁済と担保提供 → ④減資の登記

株主総会決議としては、欠損てん補のための減資は普通決議、減資後に分配可能な剰余金が生じる場合は特別決議となります。また、減資後に分

配可能な剰余金が生じない場合には、債権者保護手続きは不要です。

減資の会計・税務処理の例

<table>
<tr><th>会計処理</th><th>税務処理</th></tr>
<tr><td colspan="2">●自己株式の買入消却　自己株式を1株30で100株買い入れ、消却しました。資本金は1株50です。</td></tr>
<tr><td>（借）資　本　金　5,000
（貸）現　金　預　金　3,000
資本金減少差益　2,000</td><td>（借）資本金等の額　3,000
（貸）現　金　預　金　3,000
◎申告調整は自己株式消却と同じ（195ページ参照）。</td></tr>
<tr><td colspan="2">●資本金の振替え　資本金90,000をその他資本剰余金（資本金減少差益）または資本準備金に振り替えました。</td></tr>
<tr><td colspan="2">（借）資　本　金　90,000　（貸）資本金減少差益　90,000
（または資本準備金）</td></tr>
<tr><td colspan="2">◎申告書の記載例（税務上の資本金等の額は変わらない）
［別表五（一）］「Ⅱ資本金等の額」資本金（当期減）90,000、その他資本剰余金（または資本準備金）（当期増）90,000</td></tr>
<tr><td colspan="2">●減資による欠損てん補　繰越損失50,000を減資によりてん補しました。</td></tr>
<tr><td>（借）資　本　金　50,000
（貸）資本金減少差益　50,000
（借）資本金減少差益　50,000
（貸）繰越利益剰余金　50,000</td><td>（借）資　本　金　50,000
（貸）資本金減少差益　50,000
◎資本金等の額と利益積立金額を厳格に区分するため、欠損てん補はなかったものとされる。</td></tr>
<tr><td colspan="2">◎申告調整　［別表五（一）］「Ⅰ利益積立金額」資本金等の額（当期増）△50,000、繰越損益金（当期減）△50,000
「Ⅱ資本金等の額」資本金（当期減）50,000、利益積立金（当期増）50,000</td></tr>
</table>

（注）減資をしても税務上の資本金等の額（資本金と資本剰余金の額の合計額）は変わらないので、たとえば法人住民税の均等割も変わらないことになる。

3 準備金の取崩しの会計・税務処理のしかた

➡準備金の取崩しも、減資と同様の会社法上の手続きが必要

準備金を取り崩す目的は、欠損をてん補し、配当や自己株取得をできるようにすることや、合併などで準備金が増え、アンバランスとなった株主資本の構成を適正化させることなどがあります。

■準備金取崩しの法的規制とは

準備金には**資本準備金**と**利益準備金**とがあり、旧商法上では資本金の４分の１を超えない部分は減少させることができませんでしたが、会社法では全額を取り崩すことが可能になりました。ただし、減資と同様、株主総会決議と債権者保護手続き（欠損てん補の場合を除く）が必要です。

■準備金取崩しの会計・税務処理の例

●**資本準備金の取崩し**　資本準備金7,000を取り崩しました。

（借）資本準備金　7,000　　（貸）資本準備金減少差益　7,000
（その他資本剰余金）

［申告書の記載例］［別表五（一）］「Ⅱ資本金等の額」

資本準備金（当期減）7,000、その他資本剰余金（当期増）7,000

●**利益準備金の取崩し**　利益準備金7,000を取り崩しました。

（借）利益準備金　7,000　　（貸）繰越利益剰余金　7,000

［申告書の記載例］［別表五（一）］「Ⅰ利益積立金額」

利益準備金（当期減）7,000、繰越損益金（当期増）7,000

利益準備金の資本金組入れの会計・税務処理の例

●利益準備金の資本組入れ　利益準備金500を資本金へ組み入れました。

会計処理	税務処理
（借）利益準備金　500 （貸）資本金　500	利益積立金と資本金等の額に変動はないものとされる。
◎申告調整 ［別表五（一）］「Ⅰ利益積立金額」利益準備金（当期減）500、資本金等の額（当期増）500 「Ⅱ資本金等の額」資本金（当期増）500、利益積立金（当期減）500	

資本準備金の取崩しによる配当の取扱いは

資本準備金が多額な例があることなどから、会社法では資本準備金を取り崩し、その取崩額（その他資本剰余金）からの配当が可能になっています。この場合、準備金の減少と剰余金の配当を区分して手続きします。

●その他資本剰余金を原資とする配当の会計・税務処理の例

配当5,000を支払い、資本準備金として500積み立てました。

会計処理	税務処理
（借）資本準備金減少差益　5,500 （貸）未払配当金　5,000 資本準備金　500	払戻額のうち資本金等の額に対応する部分（105ページ参照）は資本金等の額を減少し、それを超える金額は利益積立金額から減少する。
◎申告調整 ①みなし配当がない場合：［別表五（一）］「Ⅱ資本金等の額」資本準備金（当期増）500、その他資本剰余金（当期減）5,500 ②みなし配当が1,000の場合：［別表四］配当（社外流出）1,000 ［別表五（一）］「Ⅰ利益積立金額」資本金等の額（当期増）△1,000 ［Ⅱ資本金等の額］利益積立金（当期増）1,000、資本準備金（当期増）500、その他資本剰余金（当期減）5,500	

4 自己株式取得の会計・税務処理のしかた

➡自己株式は、分配可能利益の範囲内で取得することができる

会社法により、分配可能額の範囲内で自己株式の取得ができるようになりました。一般的に自己株式は、次のような目的のために取得されます。

①余剰資金の株主への還元

②株式数の減少による、１株当たりの純利益・純資産等の増加

③上場会社の場合は、自社の株価が割安であるとのアナウンス

④敵対的買収の防止や事業承継の観点から、特定の株主から株式を取得

株主との合意による自己株式の取得のしかた

次の事項について、株主総会の決議を経ることが必要です。

①取得する株式の数

②株式を取得するのと引換えに交付する金銭等の内容およびその総額

③株式を取得することができる期間（株主総会から１年以内の日を設定）

株主との合意以外の方法による自己株式の取得のしかた

次の場合、株主総会の決議なしに自己株式を取得することができます。

①取得条項付株式、取得請求権付株式、全部取得条項付種類株式（203ページ参照）を会社が取得する場合

②譲渡制限株式の譲渡を承認せずに会社が買い取る場合

③譲渡制限株式の相続人等に売渡し請求をした場合

④単元未満株式の買取り請求に応じる場合

⑤ほかの会社の事業の全部を譲り受ける場合において、その会社が有する当社自己株式を取得する場合

⑥合併後の消滅会社から当社自己株式を承継する場合

⑦吸収分割をする会社から当社自己株式を承継する場合

自己株式取得の会計・税務処理のしかた

自己株式の取得は、資本の払戻しと同様の性格を有することから、会計上、取得した自己株式は、取得原価を純資産の部の株主資本から控除し、期末に保有する自己株式は、純資産の部の株主資本の末尾に自己株式として一括して控除する形式で表示します。

自己株式取得時の税務処理は、原則として資本金等の額から控除し、自己株式取得時の簿価はゼロとなります。また、みなし配当が発生する場合は、交付金のうち資本金等の額を超える額を利益積立金から控除します。

自己株式取得の会計・税務処理の例

●自己株式の取得　自己株式を5,000で取得しました。手数料は300です。

会計処理	税務処理
（借）自己株式　5,000 支払手数料　300 （貸）現金預金　5,300	（借）資本金等の額　5,000 支払手数料　300 （貸）現金預金　5,300
◎貸借対照表の表示 純資産の部 株主資本 自己株式　△5,000	**◎申告調整** ［別表五（一）］ 「Ⅰ利益積立金額」（当期増） 自己株式△5,000 資本金等の額5,000 「Ⅱ資本金等の額」（当期増） 自己株式△5,000
●仮にみなし配当が500発生する場合（104ページ参照） ［別表四］配当（社外流出）500 ［別表五（一）］「Ⅰ利益積立金額」（当期増）自己株式△5,000、資本金等の額4,500、「Ⅱ資本金等の額」自己株式（当期増）△4,500	

◇支払手数料は、会計処理では営業外費用、税務処理では損金です。

◇自己株式の取得価額は原則として取得時の時価とし、時価の算定は有価証券の評価方法と同じです。

5 自己株式処分・消却の会計・税務処理のしかた

➔自己株式の処分差損益は、その他資本剰余金を加減算して計上する

会計上、自己株式処分差益は、その他資本剰余金に計上し、自己株式処分差損は、その他資本剰余金から減額します。また、自己株式を消却した場合には、消却手続きが完了したときに、消却の対象となった自己株式の帳簿価額をその他資本剰余金から減額します。

自己株式の処分の方法とは

会社法では、自社の株式を、特に期間の制限なく保有することが認められることから、自己株式の処分をどのように行なうかが、経営上、問題となります。自己株式を処分するには、次の方法があります。

①新株発行手続きを準用して処分する方法
②吸収合併・分割、株式交換に際して代用自己株式として処分する方法
③新株予約権の行使によって権利者に自己株式を交付する方法

自己株式の消却とは

自己株式の消却とは、取得した自己株式を消滅させることです。自己株式消却の手続きとしては、消却する自己株式の種類および数を取締役が決定（取締役会設置会社では取締役会決議を要する）することが必要です。また、発行済株式総数が減少するため、変更登記を要します。

自己株式の消却を行なう目的には、次のようなものがあります。

①資本効率の向上と発行済株式総数の減少を通じた株主利益の増進
②事業規模に見合った発行済株式数とすること
③使途の定まっていない自己株式を消却することにより、潜在株式数を減少させ、株主の利益還元を図ること（株式の希薄化の防止）
④端株を整理すること

自己株式の処分・消却の会計・税務処理の例

会計処理	税務処理
●自己株式の処分　自己株式（簿価5,000）を7,000で処分しました。	
（借）現金預金　7,000 　　（貸）自　己　株　式　5,000 　　　　自己株式処分差益　2,000	（借）現金預金　7,000 　　（貸）資本金等の額　7,000 ◇取得処理と逆の処理。
◎申告調整　［別表五（一）］ 「Ⅰ利益積立金額」（当期減）自己株式△5,000、資本金等の額5,000 「Ⅱ資本金等の額」（当期増）自己株式5,000、自己株式処分差益2,000	
●自己株式の消却　自己株式（簿価5,000）を消却しました。	
（借）資本金及び資本準備金減少差益　5,000 　　（貸）自己株式　5,000	税務上の資本金等の額や利益積立金額に変動はありません。
◎申告調整　［別表五（一）］ 「Ⅰ利益積立金額」自己株式（当期増）5,000 　　その他資本剰余金（当期減）5,000 「Ⅱ資本金等の額」自己株式（当期増）5,000 　　その他資本剰余金（当期減）5,000	

◇自己株式の処分・消却に関する付随費用は、営業外費用とします。

◇会計処理の結果、その他資本剰余金の残高がマイナスとなった場合は、その他資本剰余金をゼロとし、マイナスの値をその他利益剰余金（繰越利益剰余金）から減額します。

貸借対照表の開示事項

自己株式を消却する場合、決議後、消却手続きを完了していない自己株式が決算日にあり、自己株式の帳簿価額または株式数に重要性があるときは、その自己株式の帳簿価額、種類、株式数を、貸借対照表に注記します。

6 分配可能額の算定のしかたはこうする

➔剰余金の配当や自己株式の取得は分配可能額の範囲内で行なう

会社法では、株主総会や取締役会の決議により、剰余金の配当や自己株式の取得など、剰余金の分配がいつでも可能なので、分配可能額の算定も期末時点の剰余金などに期末日後の変動額を考慮して行ないます。なお税務上、支払配当は支払いの効力が発生した事業年度の申告書に記載します。

◘会社法における分配可能額の算定

最終事業年度の末日	剰余金の額＝その他資本剰余金の額＋その他利益剰余金の額	
最終事業年度の末日後	加算項目	①自己株式の処分差損益 ②資本金の減少額 ③資本準備金・利益準備金の減少額
	減算項目	④自己株式の消却額 ⑤剰余金の配当額 ⑥剰余金の資本金・準備金への組入額 ⑦剰余金の配当に伴う準備金の積立額 ⑧吸収型再編受入行為(※)時の自己株式処分差額から剰余金の増加額を控除した額
臨時決算による調整	加算項目	⑨当期純利益 ⑩期間中の自己株式の処分対価
	減算項目	⑪当期純損失 ⑫吸収型再編受入行為(※)等による自己株式処分対価
その他	のれんの調整額やその他有価証券評価差額など	

（※）吸収合併、吸収分割、株式交換による権利義務の承継や株式取得。

■分配可能額の算定の例

貸借対照表

X1年３月31日　（単位：千円）

資　　産	84,500	負　　債	45,000
		資　本　金	20,000
		資本準備金	3,000
		その他資本剰余金	4,000
		利益準備金	1,500
		その他利益剰余金	12,100
		自己株式	△1,500
		その他有価証券評価差額金	400
	84,500		84,500

(1)　決算日後、４月末に自己株式500千円を取得しました。

(2)　６月末の株主総会における分配可能額を算定します。

①決算日における剰余金の額16,100＝その他資本剰余金4,000＋その他利益剰余金12,100

②分配可能額14,100＝16,100－(自己株式1,500＋500)

(3)　株主総会の配当決議により、1,000千円の配当を実施し、その際、利益準備金として100千円を積み立てました。

・決議時	(借) 繰越利益剰余金	1,100	(貸)	未払配当金	1,000
				利益準備金	100
・支払時	(借) 未払配当金	1,000	(貸)	現金預金	1,000

[申告書の記載例]　［X2年３月期の別表四］配当（社外流出）1,000

（注）支払いの効力が生じる年度の申告書に記載します。

(4)　８月１日に自己株式300千円を消却しました。

(5)　８月末日における分配可能額を算定します。

①剰余金の額14,700＝決算日の剰余金16,100－支払配当と利益準備金積立額1,100－自己株式消却額300

②分配可能額13,000＝14,700－自己株式残高1,700

7 ストックオプションの会計・税務処理のしかた

➔ストックオプションとは一定の価格で自社株式を購入できる権利のこと

ストックオプション制度とは、会社が役員や従業員に対して、あらかじめ定められた価額（**権利行使価額**）で、会社の株式を取得することのできる権利を付与し、取締役や従業員は将来、株価が上昇した時点で権利行使を行ない、株価上昇分の報酬が得られるという報酬制度の一種です。

会社にとっては、権利を付与された取締役や従業員の業績向上へのインセンティブを与えることができるメリットがある一方、経営の目的が株価上昇となり、短期志向の経営となってしまうデメリットもあります。

税制適格ストックオプションであるための要件

税制非適格の場合、権利行使時に権利行使時の株価と権利行使価額との差額に給与所得課税と、株式譲渡時に譲渡対価と権利行使価額との差額に譲渡課税がなされますが、税制適格の場合は譲渡課税のみです。

税制適格の要件として、①権利行使が付与決議の日から２年超10年以内、②譲渡禁止、③付与対象者は大株主を除く会社または子会社の取締役・執行役・使用人等、④新株予約権の行使価格の年間合計額が1,200万円以下、⑤権利行使価額が契約締結時の時価以上であることなどがあります。

ストックオプションの会社側の会計・税務処理の例

会計処理	税務処理
❶権利付与時　役員の報酬費用として3,000を計上しました。	
（借）株式報酬費用　3,000 （貸）新株予約権　3,000	権利行使時に給与等として計上するので、別表四に加算処理する。

（前ページからの続き）

<table>
<tr><td colspan="2">◎申告調整　［別表四］株式報酬費用（加算・留保）3,000
［別表五（一）］「Ⅰ利益積立金額」新株予約権（当期増）3,000</td></tr>
<tr><td colspan="2">❷権利行使時　払込金額3,000とともに資本金に振り替えました。</td></tr>
<tr><td>（借）現金預金　3,000
新株予約権　3,000
（貸）資本金　6,000</td><td>税制非適格ストックオプションの場合、株式報酬費用の金額を減算処理し、税制適格ストックオプションの場合は処理不要となる。</td></tr>
<tr><td colspan="2">◎申告調整　(a) 税制非適格の場合　株式報酬を含めて資本金に計上。［別表四］株式報酬費用（減算・留保）3,000、［別表五（一）］「Ⅰ利益積立金額」新株予約権（当期減）3,000、「Ⅱ資本金等の額」資本金（当期増）6,000
(b) 税制適格の場合　払込金額のみ資本金に計上。［別表五（一）］「Ⅰ利益積立金額」新株予約権（当期減）3,000、資本金等の額（当期増）3,000、「Ⅱ資本金等の額」資本金（当期減）3,000、資本金（当期増）6,000</td></tr>
<tr><td colspan="2">❸失効　権利が行使されずに失効した場合</td></tr>
<tr><td>（借）新株予約権　3,000
（貸）新株予約権戻入益　3,000</td><td>会計上の利益は益金不算入のため新株予約権戻入益を減算処理する。</td></tr>
<tr><td colspan="2">◎申告調整　［別表四］新株予約権戻入益認容（減算・留保）3,000
［別表五（一）］「Ⅰ利益積立金額」新株予約権（当期減）3,000</td></tr>
</table>

◇付与時・権利確定時に当期の株式報酬費用を計上します。当期の株式報酬費用は、オプションの公正評価額を各勤務期間等に配分した金額とし、オプションの公正評価額は、ストックオプション付与日現在の公正な評価額であり、株式オプション価格算定モデルなどにより評価します。

◇上記❷で新株の代わりに自己株式を交付する場合、下記の会計処理とし、自己株式処分の例のように申告調整を行ないます（195ページ参照）。

（借）現金預金　3,000　（貸）自己株式　6,000
　　　新株予約権　3,000　　　　（差額がある場合は自己株式処分差損益）

8 債務の株式化（DES）の会計・税務処理のしかた

➔債務の株式化では債務の帳簿価額または時価で資本に振り替える

DESとは、債務の株式化ともいい、会社の債務（デット）を株式（エクイティ）と交換（スワップ）することをいいます。一般的には、債権者が債権の一部を債務者会社の株式と交換することにより、債務者会社の財務体質を改善し、再建を図る手法のことをいいます。

会社法上のDESの取扱いとは

DESは、法的には、債権を現物出資する形になりますので、債権の価額の２分の１以上を資本金の額とし、残額を資本準備金として計上することとなります。なお、通常の現物出資の手続きとしては、検査役の調査が必要ですが、すでに弁済期限が到来している債権で、債権の評価額が帳簿価額を超えない場合には、検査役の調査が不要となっています。

債務者側の会計処理のしかた

債務者側の会計処理については、債務から資本への振替えに当たって、**券面額説**（債権の**額面**で振替え）と**評価額説**（債権の**時価**で振替え）があります。従来の処理は東京地裁判例により券面額説により処理されてきているようです。

したがって、評価額説では債務免除益が発生する可能性があり、券面額説では税務上の処理との違いにより、申告調整が必要となる場合があります。

会社法では、資本金の額は「給付を受けた財産の額」とされていることから、評価額説を採用したという考え方と、金銭債権の現物出資の手続きの簡素化が図られたことから、券面額説によるとする考え方があります。

■DESの税務処理のしかた

　税務上、債権の評価は券面額ではなく、**時価**（回収可能性を考慮）による評価となり、時価相当額を資本金等の額としますが、現物出資が税制上の適格要件に該当するか否かにより、下記のような処理となります。

❶非適格現物出資に該当する場合

　債務の**時価**を資本金等の額とし、簿価と時価の差額について債務消滅益を計上します。ただし、この債務消滅益については、青色欠損金や期限切れの欠損金を充当することにより、課税されない場合があります。

❷適格現物出資に該当する場合

　原則として、債務の**簿価**が資本金等の額として計上されます。

■DESによる債務者側の会計・税務処理の例

●債務の株式化1　借入金額500を、時価300で資本金としました。

（借）借　入　金　500　　（貸）資　本　金　300
　　　　　　　　　　　　　　　　債務消滅益　200

　◇時価による評価のため、会計・税務処理は同一となります。

　◇債権者は300を株式とし、200を債権譲渡損とします。

●債務の株式化2　非適格現物出資により借入金500（時価300）を資本金としました。

会計処理	税務処理
（借）借　入　金　500 　　（貸）資　本　金　500	（借）借　入　金　500 　　（貸）資　本　金　　300 　　　　債務消滅益　200
◎**申告調整**　税務上、資本金の増加は300となる。 ［別表四］債務消滅益（加算・留保）200 ［別表五（一）］「Ⅰ利益積立金額」資本金等の額（当期増）200 　　　　　　　　「Ⅱ資本金等の額」資本金（当期増）500、利益積立金額 　　　　　　　　　　　　　　　　（当期減）200	

9 種類株式とはどのようなものか

➡会社法では株式の権利内容の異なる株式の発行が可能

会社法により、各株式の権利内容は原則として同一ながら、異なる権利内容の株式が柔軟に発行できるようになっています。この権利内容の異なる株式を複数種類発行する場合の株式を**種類株式**といいます。本章の最後に、この種類株式についてまとめておきます。

特別な内容の株式とは

すべての発行株式を次の株式とすることを**特別な内容の株式**といい、複数種類の株式が発行される種類株式とは異なります。

①譲渡制限株式	②取得請求権付株式	③取得条項付株式

種類株式の発行手続きとは

種類株式を発行するには、発行可能な種類株式の総数と内容を定款に定め、株券への記載や登記などが必要となります。したがって、原則として定款変更の手続きをとることになります。なお、譲渡制限株式と全部取得条項付種類株式の場合には、反対株主の買取り請求が認められます。

❶新たに種類株式を発行する場合

定款変更の決議として株主総会の特別決議が必要です。また、新たな種類株式の発行により、ある種類の株式を保有する株主に損害を及ぼすおそれがある場合には、その種類株主総会の特別決議を要します。

❷既存の株式を種類株式に変更する場合

原則として❶と同様の手続きをとるとともに、譲渡制限株式の場合は種類株主総会の特殊決議、取得条項付株式の場合は種類株主全員の同意が必要です。

◆種類株式の内容

種類株式	権利内容
剰余金の配当についての種類株式	剰余金の配当について、他の株式より優先または劣後する株式。資金調達上、ほかの株式より配当を優先させることのできる優先株式が利用される
残余財産の分配についての種類株式	残余財産の分配について、ほかの株式より優先または劣後する株式
議決権制限株式	株主総会の全部または一部について、議決権を行使することができない株式。公開会社では、発行済株式総数の2分の1を超えることができない。配当優先との組合せや事業承継・経営安定化のために利用される
譲渡制限株式	すべての株式または一部の種類の株式について、その譲渡につき会社の承認を要する株式。株式の分散化の防止や好ましくない株主の排除目的に利用される
取得請求権付株式	すべての株式または一部の種類の株式について、株主がその株式について、会社に取得を請求できる株式
取得条項付株式	すべての株式または一部の株式について、会社が一定の事由が生じたことを条件としてその株式を取得することができる株式
全部取得条項付種類株式	会社が株主総会の特別決議により、その全部を取得することができる株式。株式買収による子会社化や買収防衛策として利用される
拒否権付株式	株主総会または取締役会において決議すべき事項のうち、その株主総会の決議のほかに、種類株主総会の決議を必要とする旨の定めが設けられている株式。事業承継や経営安定化のために利用される
取締役・監査役の選任についての種類株式	公開会社以外の会社で、委員会等設置会社でない会社が発行することができる、その種類株主総会の取締役・監査役の選任について内容が異なる株式

8章

デリバティブ取引の経理処理

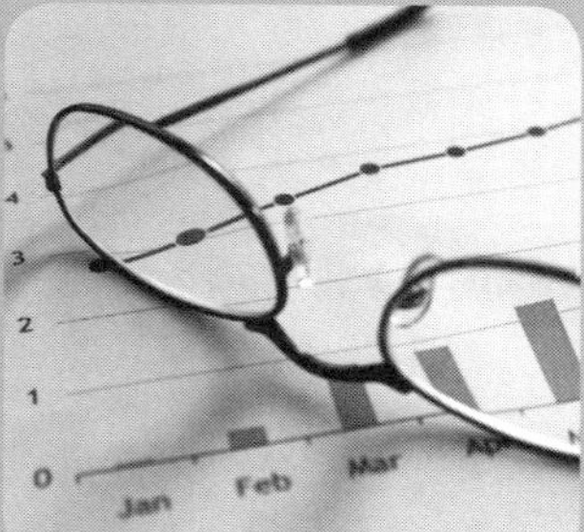

デリバティブ取引は、取引価格変動などのリスクを回避する目的で行なわれる場合と、利益を得る目的で行なわれる場合とがあります。デリバティブ取引自体にもリスクがあるため、一般企業としては、デリバティブ取引自体のリスクを踏まえつつ活用するのが有効です。この章では、デリバティブ取引のしくみと、その経理処理について解説します。

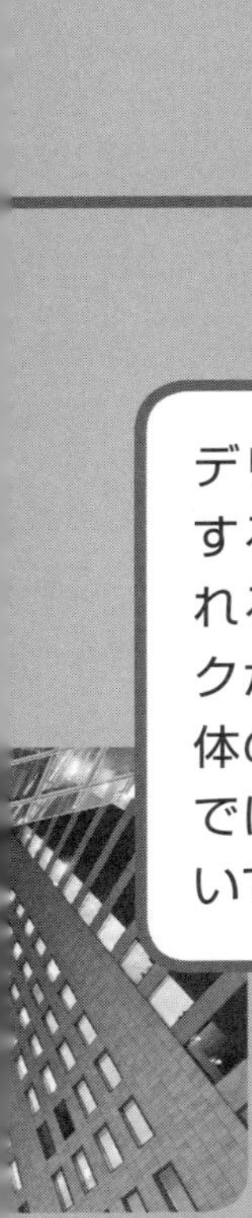

1 デリバティブとはどのようなものか

➔デリバティブとは株式・金利・通貨などから派生した金融派生商品

デリバティブ取引には、どのような特徴があるのか、どのようなものがあるのかを見ていきましょう。

■デリバティブ取引の特徴とは

デリバティブには、次のような特徴があります。

①デリバティブの価値が、特定の金利、有価証券価格、現物商品価格、外国為替相場、各種の価格・率の指数、信用格付け・信用指数、または類似する変数（基礎数値）の変化に反応して変化すること

②当初の純投資が少額または不要であること

③純額（**差金**）により決済すること

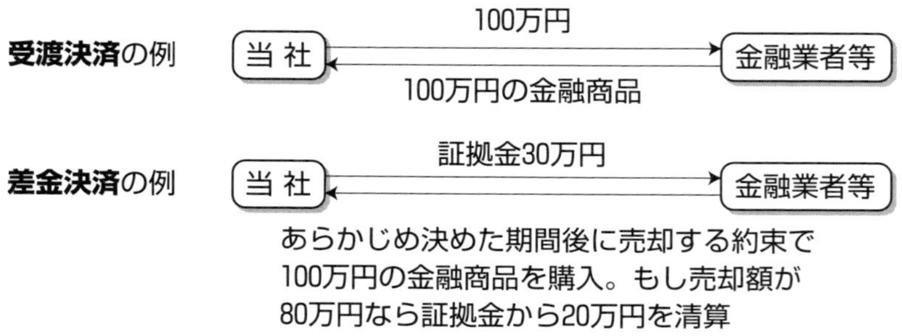

■価格等の変動リスクを回避・低減するデリバティブ取引とは

デリバティブ取引は、次のような市場の価格等の変動による損失を回避・低減する（**リスクヘッジ**という）ために行なわれるものがあります。

①株式や債券等の価格変動によるリスク

②市場金利の変動によるリスク

③外国為替相場の変動によるリスク

利益を得る目的のデリバティブ取引とは

デリバティブ取引は、少ない投資額で多額の取引が可能であることから、投機目的で行なわれる場合もあります。ただし、この場合は損失の額も多額になる場合もあるので注意が必要です。

◇デリバティブ取引の種類

取引区分	取引の内容	具体例
先物(さきもの)取引(210ページ参照)	あらかじめ決められた期日に、特定の商品を取引時点の価格で取引すること	商品先物、金融先物、国債先物、株価指数先物（日経225先物）ほか
先渡(さきわたし)取引(212ページ参照)	先物取引と内容は同じであるが、先物取引が市場取引・差金決済なのに対し、先渡取引は相対取引・現物決済となる。そのため、取引条件を自由に決定でき、証拠金がないなどの特徴がある	先渡取引でも例外的に差金決済を行なう金利先渡、為替先渡（為替予約）ほか
オプション取引(214ページ参照)	あらかじめ決められた期日に、特定の商品を、あらかじめ決められた価格で売買する権利を取引すること	有価証券オプション、日経225オプション、通貨オプション、大豆オプションほか
スワップ取引(218ページ参照)	金利や通貨などをあらかじめ決められた条件により交換する取引	為替スワップ、金利スワップほか
その他	①クレジット・デリバティブ…当事者が元本として定めた金額（想定元本）について、当事者間で取り決めた者の信用状態などを反映する利子率もしくは価格に基づいて金銭の支払いを相互に約する契約など ②ウェザー・デリバティブ…平均気温や降雪量といった自然現象などにリンクしたデリバティブ取引	

2 デリバティブ取引の会計・税務処理のしかた

➔デリバティブ取引は、原則として期末時点の時価評価が必要

デリバティブ取引は、会計・税務上、原則として期末時価で評価し、評価差額は、当期の損益として処理します。ただし、時価を算定することが困難である場合には、時価評価を行なわずに取得価額を計上することができます。

上場デリバティブ取引の時価評価のしかた

先物取引や上場オプション取引では、市場価格などが公表されていることから、次のような価格を期末時価とします。なお、委託手数料など、取引に付随して発生する費用は時価に加味しません。

①取引所の終値としての最終価格

②終値がない場合は気配値（公表された売り気配の最安値または買い気配の最高値、それらがともに公表されている場合にはそれらの仲値）

③期末日の最終価格がない場合は、同日前直近における最終価格

税務上は、取引所の公表する清算価格（日々の評価損益の算定などのための基準となる価格）に基づいて算出した金額を、継続適用することができます。

非上場デリバティブ取引の時価評価のしかた

先渡取引、非上場オプション取引、スワップ取引およびこれらに類似する取引のように、原則として相対取引であるため客観的な時価を容易に入手できない取引については、次のように合理的に算定された価額を時価とし、公正な評価額を算定できない場合には取得価額により計上します。

①インターバンク市場、ディーラー間市場、電子売買取引等の随時決済・換金ができる取引システムでの気配値による方法

②類似する取引に気配値のないデリバティブ取引については、将来キャッシュ・フローを見積もり、それを適切な市場利子率で割り引くことにより現在価値を算定する割引現在価値による方法

③オプション取引については、ブラック-ショールズ・モデル（217ページ参照）などのオプション価格モデルを用いて時価を算定する方法

◘取引所の価格や取引システムの気配値がない場合の評価額の算定

評価額の算定ができるデリバティブ取引	決済損益を常時算定している専門部署など（関係会社を含む）がある場合	次のいずれかの金額 ①割引現在価値やオプション価格モデルにより算定した金額 ②銀行、証券会社、情報ベンダーなどから入手した①の方法による金額
	上記以外の場合	上記②の方法による金額
評価額の算定が困難なデリバティブ取引	債務保証等類似デリバティブ取引（※）	取引における受取額・支払額を、期間の経過に応じて益金の額または損金の額に計上する
	上記以外の取引で、災害や天候など、算定がきわめて困難な基礎数値の場合	授受をする金銭等の価額を、授受のつど、資産または負債に計上し、取引の消滅が確定したときに、資産・負債を益金の額または損金の額に計上する

（注）上場デリバティブ取引または取引システムの気配値があるデリバティブ取引であっても、実際の取引事例がきわめて少なく、その価格が公正評価額と認められない場合は、上記の区分に従って算定する。

（※）当事者の一方が第三者の債務不履行、自然災害、その他これらに類する特定の事実が生じた場合に、一定の金銭を支払うことを約束し、他方の当事者がその対価としてプレミアムを支払う契約となっているデリバティブ取引のこと。

3 先物取引のしくみと会計・税務処理のしかた

➔先物取引は市場取引のため、期末時価の算定を行なうことができる

先物取引は将来の取引価格を契約時点で決める取引なので、たとえば、特定の商品を6か月後に100の価格で購入する契約をし、6か月後にその商品の価格が120になっていれば20の利益（120の商品を100で購入できるため）になり、逆に80になっていれば20の損失となります。

先物取引の特徴とは

先物取引には次の特徴があります。

❶限月取引

現物であればいつまでも特定の商品を保有しておくことができますが、先物取引では限月取引といい、最終売買日が決まっており、最終売買日には自動的に損益が確定されます。

❷レバレッジ効果

先物取引では、**証拠金**という担保を差し入れることで、少額で大きな金額の取引を行なうことができます。仮に10万円の証拠金で、証拠金の10倍の100万円の取引ができる場合、100万円を運用しているのと同じ効果が見込まれます。これを**レバレッジ効果**といいます。これはメリットであると同時に、損失額も多額になるリスクがあります。

リスクヘッジとしての先物取引とは

先物取引は将来の取引価格を決めておくことですので、将来の価格変動による損失を回避することができます。これをリスクヘッジといいます。たとえば、将来の価格が値下がりする予想であれば、現時点の価格で売却する契約をすることにより、将来の現物の売却損失と先物の売却益を相殺することができます。

◘先物取引の損益

◎約定時：買い、決済時：売り	◎約定時：売り、決済時：買い
約定価格 up→決済価格→利益 　　　　 down→決済価格→損失	約定価格 up→決済価格→損失 　　　　 down→決済価格→利益

■金利先物取引の会計処理例

❶金利先物取引の契約　次の条件で金利先物取引を行ないました。
- 約定日2月1日、限月6月、証拠金100万円
- 取引10枚（1枚当たり1億円で、合計10億円）
- 98円（100円から金利2％を控除した価格で表示）の金利先物を売却
- 取引単位は0.005刻みで、1取引単位当たり1,250円

❷約定日

　（借）先物取引差入証拠金　1,000,000　　（貸）現　金　預　金　1,000,000

❸決算日（3月31日）　時価が99円となりました。

　（借）金 利 先 物 損 益　2,500,000　　（貸）金 利 先 物 負 債　2,500,000

　◇損益額2,500,000＝1,250×｛(@99－@98)／0.005｝×10

　◇1円の変動は200単位（1÷0.005）の変動に相当します。

❹翌期首　洗替え処理をします。

　（借）金 利 先 物 負 債　2,500,000　　（貸）金 利 先 物 損 益　2,500,000

❺6月決済　時価は97.5円でした。

　（借）現　金　預　金　1,250,000　　（貸）金 利 先 物 損 益　1,250,000

　◇損益額1,250,000＝1,250×｛(@98－@97.5)／0.005｝×10

❻証拠金を払い戻す場合

　（借）現　金　預　金　1,000,000　　（貸）先物取引差入証拠金　1,000,000

❼期末に評価損益を計上しなかった場合の申告調整の例

　［別表四］金利先物損益認容（減算・留保）2,500,000

　［別表五（一）］「Ⅰ利益積立金額」金利先物負債（当期増）△2,500,000

　◇評価益の場合は、別表四で加算・留保処理をします。

4 先渡取引のしくみと会計・税務処理のしかた

➡おおむね先物取引と同じしくみだが、特有の処理がある

相対取引であり、証拠金が原則として不要なので相手方の信用リスク（相手方が所定の金額を支払わないリスク）を考慮する必要がある、取引条件を相対で自由に決めることができるなど、先物取引との違いがあります。

◇先渡取引の種類

①金利先渡取引（Forward Rate Agreement）
②為替先渡取引（Forward Exchange Agreement）
③為替予約（先物為替予約といわれるが、先渡取引の一種）
④有価証券の受渡しまでの期間が市場慣行などよりも長い場合の取引

■金利先渡取引のしくみ

金利先渡取引は、契約上の金利と将来の特定期間の実際の金利（指標金利）との差額に相当する金額を授受する取引です。金利先渡取引では、決済金額が前払いされるので、損益が事前に確定される特徴があります。

指標金利として日本円TIBOR、ユーロ円LIBORなどが使用されます。

なお、為替先渡取引も、契約上の為替相場と将来の特定期間の為替相場との差額に相当する金額を授受する取引です。

◇金利先渡取引のリスクヘッジ効果

	指標金利の動きと利益	ヘッジ効果
買い手	契約金利＜指標金利⇒利益	金利の上昇に対するヘッジ効果
売り手	契約金利＞指標金利⇒利益	金利の下落に対するヘッジ効果

金利先渡取引の会計処理例

❶金利先渡取引の契約　次の金利先渡取引契約（当社は買い手）を８月１日に締結した。

・契約利率年利４％、元本50,000,000円

・決済日10月１日　満期日12月31日　実際の金利（10月１日）年利５％

❷金利差額の算定

126,027＝(5％－4％)×50,000,000×92日(決済日～満期日)／365日

❸決済金額の算定

事前に決済金額を確定させるので、決済日から満期日までの金利で割引現在価値124,459＝126,027／(1＋5％×92／365）を算定します。

❹会計処理

（借）	現金預金	124,459	（貸）	先渡損益	124,459

有価証券の先渡取引の会計処理のしかた

有価証券の約定日から受渡日までの期間が通常の期間よりも長い場合、デリバティブの先渡取引として処理します。なお、約定済みの有価証券については、売り手は受渡日まで保有区分による会計処理を継続します。

❶先渡取引の契約　１か月後（決算日を含む）の受渡しで、株式（簿価70）を100で売却する契約をした。期末時価105、受渡時の時価110です。

❷契約日　処理は必要ありません。

❸決算日	（借）	先渡契約損失	5	（貸）	先渡契約	5
		投資有価証券	35		有価証券評価差額	35

◎先渡契約損失△5＝100－105（買い手は先渡契約利益５）

❹翌期首	（借）	先渡契約	5	（貸）	先渡契約損失	5
		有価証券評価差額	30		投資有価証券	30
❺受渡日	（借）	現金	100	（貸）	投資有価証券売却益	40
		先渡契約損失	10		投資有価証券	70

◎先渡契約損失△10＝100－110（買い手は取得価格110、先渡契約利益10）

5 オプション取引のしくみはどうなっている？

➔買い手は権利の放棄により損失を限定できる

オプション取引はあくまでも特定の商品を売買する権利のことなので、オプションの保有者（買い手）は有利になれば権利を行使し、不利になれば権利を放棄することができます。

先物取引と異なり、決済することなく、買い手は権利の放棄により損失を限定できることがオプション取引の特徴です。

オプションの種類とは

オプションには特定の商品を買う権利であるコールオプションと、特定の商品を売る権利であるプットオプションがあります。

❶コールオプション

売買時の市場価格が行使価格（あらかじめ決めておく価格）より高くなった場合、権利行使により、商品を市場価格より安い行使価格で買うことができます。逆に、売買時の市場価格が行使価格よりも低くなれば、権利を放棄します。

❷プットオプション

売買時の市場価格が行使価格より下がれば、権利行使により市場価格より高く売ることができます。逆に、売買時の市場価格が行使価格よりも高ければ権利を放棄します。

オプション取引の損益

オプション取引の損益は、買い手と売り手とでは異なります。

❶オプションの買い手

有利になれば売買を実行することで利益を得、不利になった場合でも権利を放棄すれば損失がオプション料（**プレミアム**）に限定されます。

❷オプションの売り手

オプション料を受け取ることができますが、買い手にとって有利な状況になれば、権利行使に応ずる義務がありますので、損失が無限大になるリスクがあります。

◇オプション取引の損益

区　分	コールオプション		プットオプション	
	買い手	売り手	買い手	売り手
利　　益	無限	プレミアム	無限	プレミアム
損　　失	プレミアム	無限	プレミアム	無限

■オプション取引の損益算定の例

●コールオプションの場合　日経225オプションをコール権利行使価格10,000円、200円のプレミアムで1枚購入し、SQ日（清算日）を迎えた。1枚は1,000単位である。

❶SQ値が10,400円となった場合

利益20万円＝(10,400－10,000)×1,000－200×1,000

❷SQ値が9,600円となった場合

損失が40万円＝(9,600－10,000)×1,000となるため、権利を放棄し、20万円＝プレミアム（200×1,000）の損失とした。

●プットオプションの場合　日経225オプションをプット権利行使価格10,000円、150円のプレミアムで1枚購入し、SQ日（清算日）を迎えた。1枚は1,000単位である。

❶SQ値が10,400円となった場合

損失が40万円＝(10,400－10,000)×1,000となるため、権利を放棄し、15万円＝プレミアム（150×1,000）の損失とした。

❷SQ値が9,600円となった場合

利益25万円＝(10,000－9,600)×1,000－150×1,000

6 オプション取引の会計・税務処理のしかた

→オプション取引ではオプションの時価評価が必要となる

　オプション取引のうち、上場オプション取引では時価を取引所公表のオプション料（プレミアム）により求めることができます。オプション料は一般的に権利行使価格との比較において、有利になればなるほど上昇し、逆の場合には下落する傾向にあります。

■上場オプション取引の会計・税務処理の例

●**オプション取引の契約**　日経225オプションをコール権利行使価格9,800円、120円のプレミアムで1枚購入した。1枚は1,000単位である。

❶**購入時**　オプション料を支払いました。

　（借）オプション資産　120,000　　（貸）現　金　預　金　120,000
　　◇オプション資産120,000＝120×1,000

❷**決算日**　取引所の最終価格は175円です。

　（借）オプション資産　55,000　　（貸）オプション評価損益　55,000
　　◇オプション評価損益55,000＝（175－120）×1,000

❸**期首**　洗替え処理をします。

　（借）オプション評価損益　55,000　　（貸）オプション資産　55,000

❹**取引日**　取引時のプレミアムは140円です。

　（借）未　収　入　金　140,000　　（貸）オプション資産　120,000
　　　　　　　　　　　　　　　　　　　　　オプション損益　　20,000
　　◇オプション損益20,000＝（140－120）×1,000

❺**決済日**

　（借）現　金　預　金　140,000　　（貸）未　収　入　金　140,000

❻**権利行使価格が不利であるため権利放棄した場合**

　（借）オプション損益　120,000　　（貸）オプション資産　120,000

非上場オプションの場合の時価評価のしかた

非上場オプションの場合、評価額算定が可能なデリバティブ取引として、オプション価格モデルにより算定した金額を期末日の評価額とします。ただし、決済損益を常時算定している専門部署など（関係会社を含む）がない場合には、金融機関や情報ベンダーなどから入手した、オプション価格モデルによる評価額を計上します。

参考 株価指数オプション価格の理論的算定方法

オプションのプレミアムは本質的価値と時間価値に分けられ、本質的価値とは、オプションが取引時点でもっている価値のことで、時間価値とは価格変動に対する期待値です。

オプション価格 ＝ 本質的価値 ＋ 時間価値

実際に株価指数オプション価格を求めてみると、たとえば日経平均株価10,000円のときのコール権利行使価格が9,600円、オプション価格が500円とすれば、このオプションの本質的価値は400円＝10,000－9,600、時間価値は100円＝500－400となります。株価指数オプションの理論価格は、株価、権利行使価格、ボラティリティ（価格の変動率）、残存期間、金利、配当利回りの６つの値から、**ブラック-ショールズ・モデル**（満期日にのみ行使可能なオプション価格を計算するモデル）などにより算定します。

●本質的価値と時間価値に影響を与える要因

本質的価値に影響を与える要因としては、価格（株価指数の場合は日経平均株価など）、権利行使価格があります。

また、時間価値に影響を与える要因と傾向は、次のようになります。

・残存期間が長くなるほど時間価値は高くなる傾向にあります。

・取引日までの期間が長いほど、期待値は高まります。

・ボラティリティが高くなるほど時間価値は高くなる傾向にあります。ボラティリティの変動幅が大きいほうが期待値が高まるからです。

7 スワップ取引のしくみはどうなっている？

➔スワップ取引は取引所を介さずに、当事者間の相対取引で行なわれる

スワップ取引は、一定の契約条件による将来のキャッシュ・フローの交換取引で、価格の変動を回避するために利用されます。スワップ取引は、おもに金利スワップと通貨スワップがありますが、原油や金などのコモディティ・スワップなどもあります。

■金利スワップとはどのようなものか

金利スワップは、金利の変動リスクを回避する手段として利用され、同一通貨間の固定金利と変動金利を交換する取引が代表例です。

たとえば、A社が変動金利の借入債務を有しており、金利の変動によるリスクを回避するために、B社との間で、変動金利と固定金利とを交換する金利スワップ取引を行なうようなケースです。

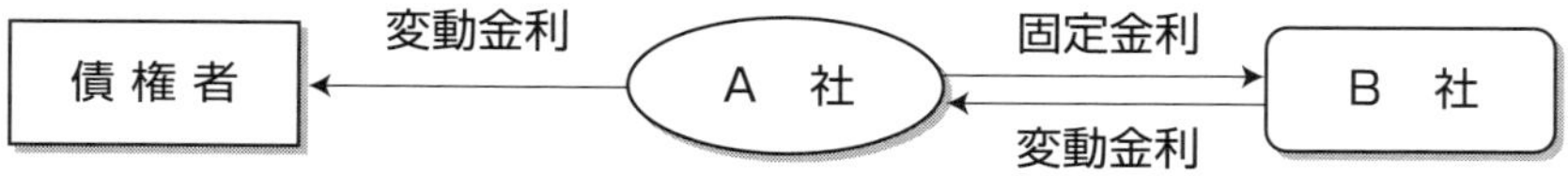

A社はB社に固定金利を支払うことで、変動金利をB社から受け取り、債権者に対する変動金利を相殺する

金利スワップ取引における金利の元本は**想定元本**といい、当事者間で移動されず、単に金利を算定するための名目的なものです。

なお、金利スワップには変動金利同士で交換する取引もあります。

■通貨スワップとはどのようなものか

通貨スワップとは、円とドルなど、異種通貨間でのキャッシュ・フローを交換する取引をいい、外貨建債権・債務の為替相場の変動によるリスクを回避する目的として行なわれます。通常は、金利の交換のみならず、取

引の開始と終了時点で元本の交換も行なわれます。

たとえば、A社は米ドル建ての社債を発行したが、調達資金は円で使用するため、利息の支払いと元本の償還についてB社と通貨スワップ契約を締結し、将来の支払額を円貨ベースで確定させるようなケースです。

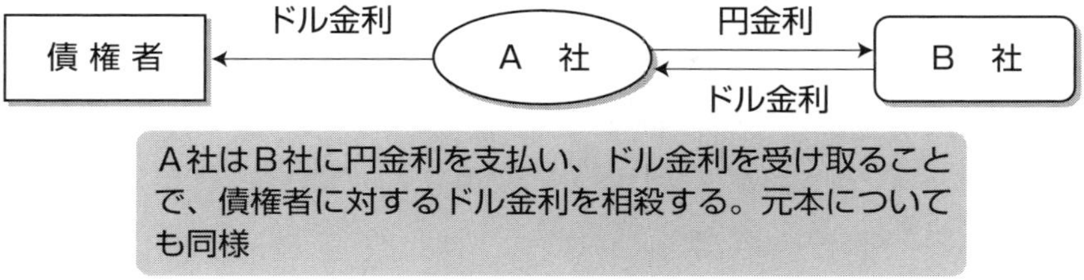
債権者
ドル金利
A 社
円金利
ドル金利
B 社
A社はB社に円金利を支払い、ドル金利を受け取ることで、債権者に対するドル金利を相殺する。元本についても同様

クーポン・スワップとはどのようなものか

通貨スワップは元本の交換をともないますが、元本の交換をともなわない通貨スワップである**クーポン・スワップ**もあります。クーポン・スワップは、輸出入を行なう企業が、為替相場の変動リスクを軽減するためなどに利用され、固定金利と変動金利の交換のみではなく、固定金利同士、変動金利同士の交換もあります。

メリット	①約定時に定めた為替レートでの支払金額を、円貨で確定することができる ②為替予約よりも長期の契約が可能
デメリット	①中途解約に制限がある ②固定レートのため為替差益を得ることができない

コモディティ・スワップとはどのようなものか

石油やプラチナ、金などのコモディティ（商品）の変動価格と固定価格を交換するスワップ取引などがあります。コモディティの価格変動リスクを回避することを目的に利用され、「商品スワップ」とも呼ばれます。

商品購入者が金融業者等に固定価格を支払い、変動価格を受け取ることで、商品販売者への変動価格を相殺します。

8 金利スワップの会計・税務処理のしかた

➡金利スワップの時価評価は、割引現在価値などの算定により行なう

スワップ取引は、非上場デリバティブ取引で時価評価額の算定が可能な取引なので、デリバティブ取引を常時行なっていない企業の場合、金利スワップの時価評価額などの情報を金融機関等から入手して会計・税務処理を行ないます。

金利スワップの会計・税務処理の例

❶金利スワップ取引　次の条件による取引を行ないました。

・想定元本：10,000、期間５年の金利スワップの残存期間３年

・支払金利：固定金利４％

・受取金利：変動金利６か月LIBORフラット（LIBORと同水準）

❷固定金利支払いによる負債の時価　スポットレート（現時点から期限までの割引債の利回り）を割引率とした割引現在価値により求めます。

	出金額(A)	割引率(B)	現在価値(A×B)	期末日対応のスポットレート
１年後	400	0.9709	388	3.0000%
２年後	400	0.9386	375	3.2173%
３年後	400	0.8997	360	3.5846%
３年後	10,000	0.8997	8,997	3.5846%
合　計	11,200		10,120	

◇n年後の割引率(B)＝1／(1＋期末日対応のスポットレート)^{n}

❸変動金利受取りによる資産の時価　市場金利フラットなので、想定元本10,000と同一となります。

❹決算時の処理

（借）金利スワップ評価損　120　　（貸）金利スワップ負債　120

◎負債の時価が資産の時価より大きいので、金利スワップの評価損となります。逆に資産の時価が大きければ評価益となります。

◎金利スワップ評価損120＝10,000－10,120

❺翌期首　洗替え処理をします。

（借）金利スワップ負債　120　　（貸）金利スワップ評価損　120

金利スワップの時価評価の考え方

(1) 固定金利の場合は、変動金利と異なり、金利の変動により時価が変動するため、利子と元本を割引現在価値により算定します。

(2) 現在価値の割引率に使用されるスポットレートは、割引債のように、投資時点と回収時点のみにキャッシュ・フローが発生するときの複利最終利回りとして定義され、**ゼロ・クーポン・レート**ともいわれます。

＊割引率＝スポットレート＋信用リスクなどの上乗せ分

金利スワップの特例処理の内容と会計処理の例

金利スワップが、金利交換の対象となる資産・負債とヘッジ会計の要件を満たしており、かつ、その想定元本、利息の受払い条件、契約期間がその資産・負債とほぼ同一である場合は、時価評価せずに、利息の受払いの純額等をその資産・負債の利息に加減して処理することができます。

税務上も、金利スワップの特例処理が一定の条件のもとで認められます。

❶金利スワップ取引　固定金利の受取り2％、6か月LIBORプラス1％の支払い1.74％、想定元本100,000とする金利スワップ契約を締結しました。これは特例処理の要件を満たします。

❷利払日　6か月ごとに支払われます。

（借）現金預金　130　　（貸）支払利息　130

◎金利スワップの純受取額を借入金の利息から減算します。

◎スワップ契約純受取額130＝100,000×（2.00％－1.74％）×6／12

9 CFD、仕組債などの金融商品はどう取り扱う？

➡ CFDは証拠金による差金決済取引で、FXや証券CFDなどがある

CFD取引と先物取引の違い

CFD（Contract For Difference）とは、証拠金によって、通貨、株式、債券、商品、指数などを金融業者等と相対で取引できる金融商品です。CFDのうち通貨CFDを特に**FX**といいます。CFD取引のしくみや損益の算定は基本的には先物取引と同じですが、次のような違いがあります。

①取引期限がない（先物取引は限月取引）

②原則として24時間取引が可能

③先物取引に比べてレバレッジ効果が高く、最低取引単位も小さく、取引しやすい場合がある

CFD取引のしくみ

証券CFDの約定時買建ての場合の取引例は、下記のとおりです。FXやほかのCFD取引も同様のしくみとなっています。

【約定時（買建て）】	【決済時①】 価格が上昇した場合	【決済時②】 価格が下落した場合
・約定価格　10万円	・決済価格　11万円	・決済価格　9万円
・取引単位　100	・取引単位　100	・取引単位　100
・証拠金率　10%	・決済利益　100万円 ［(11－10) 万円×100］	・決済損失　100万円 ［(9－10) 万円×100］
・証拠金　100万円 ［10万円×100×10%］		

上記決済時②の場合、100万円の損失により証拠金がゼロとなってしまうので、強制的に取引が終了します。これを**ロスカット取引**といいます。なお、上記金額を約定時売建てとした場合、価格上昇時には100万円の損失、価格下落時には100万円の利益になります。

●会計処理例　決済時①を決算日の状況とした場合の例です。

①証拠金支出日	（借）	CFD取引証拠金 100	（貸）	現　金　預　金 100
②決算日	（借）	CFD取引資産 100	（貸）	CFD評価損益 100
③翌期首	（借）	CFD評価損益 100	（貸）	CFD取引資産 100

仕組債とはどのようなものか

仕組債とは、一般的な債券にスワップやオプションなどのデリバティブ取引を組み合わせた債券です。デリバティブのしくみにより、満期やクーポン（利子）、償還金額などを、投資家や発行者のニーズに合わせて比較的自由に設定することができます。

参照指標（株価、株価指数、金利、為替、商品価格など）の変動により、投資家が受け取る償還金に差損益が発生したり、償還金の支払いに代えて株式などの有価証券の受け渡しにより償還される場合があります。

仕組債 ＝ 債　券 ＋ デリバティブ

仕組債の会計・税務処理

上記のような仕組債は、債券とデリバティブが組み合わされた複合金融商品です。仕組債に組み込まれたデリバティブは、次の条件を満たした場合には債券とは区分して時価評価し、評価差額を当期の損益とします。

①組込デリバティブのリスクが債券に及ぶ可能性があること

②組込デリバティブと同一条件の独立したデリバティブが、デリバティブの特徴を満たすこと

③複合金融商品について、時価の変動による評価差額が当期の損益に反映されないこと

なお、債券は有価証券の会計・税務処理の方法で処理します。

ただし、複合金融商品の時価は測定できるものの、組込デリバティブを合理的に区分して測定することができない場合は、複合金融商品全体を時価評価し、評価差額を当期の損益とします。

10 ヘッジ処理とはどのようなものか

➡ヘッジ処理は相場変動による損失を回避する取引などに適用される

ヘッジ処理とは、一定のヘッジ取引について、ヘッジ対象の損益とヘッジ手段（デリバティブ）の損益を同一の会計期間に認識し、ヘッジの効果を会計に反映させるための会計・税務処理をいいます。なお、ヘッジとはリスクを回避・低減させることです。

ヘッジ処理が適用される取引とは

ヘッジ取引にヘッジ処理が適用されるためには、ヘッジ対象が相場変動などによる損失の可能性があり、ヘッジ対象とヘッジ手段とに生じる損益が互いに相殺されるか、またはヘッジ手段によりヘッジ対象のキャッシュ・フローが固定され、変動が回避される関係にあることが必要です。

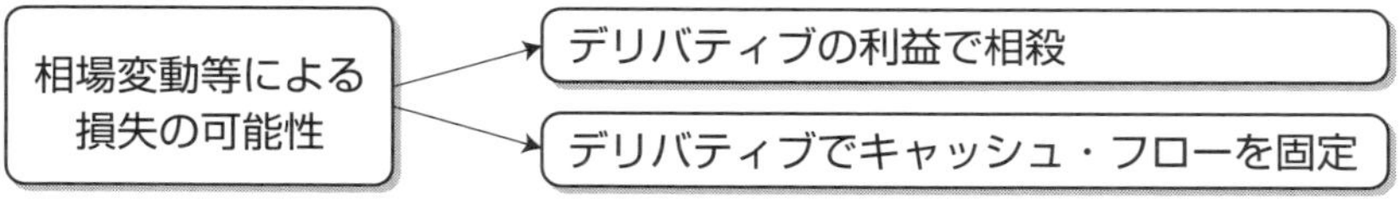

ヘッジ処理が適用されるヘッジ対象とは

ヘッジ処理は、次のようなヘッジ対象に適用されます。

①相場変動等による損失の可能性がある資産・負債で、その資産または負債の相場変動等が評価に反映されていないもの
②相場変動等が評価に反映されているが、評価差額が損益として処理されないもの
③資産・負債のキャッシュ・フローが固定され、その変動が回避されるもの

したがって、ヘッジ対象の損益が期末に計上される場合には、デリバティブの損益との計上時期が一致するので、ヘッジ処理を適用する必要はありません。

■ヘッジ処理の適用要件とは

ヘッジ処理が適用されるための要件は、次のとおりです。
①ヘッジ取引時、ヘッジ取引が企業のリスク管理方針に従ったものであることが文書により確認でき、リスク管理方針に関する明確な内部規定・内部統制組織により取引が処理されることが期待されること
（税務上、デリバティブの取引日にヘッジ目的で行なった旨、ヘッジ対象資産とデリバティブ取引の明細を帳簿書類に記載する必要がある）
②ヘッジ取引時以降、ヘッジ対象とヘッジ手段の損益が高い程度で相殺される状態、またはヘッジ対象のキャッシュ・フローが固定されている状態が引き続き認められることを定期的に確認していること

■ヘッジ処理の方法

ヘッジ処理は、原則として、時価評価されているヘッジ手段の損益または評価差額を、ヘッジ対象の損益が認識されるまで繰り延べます。これを**繰延ヘッジ**といいます。また、ヘッジ対象の相場変動等を損益に反映させる方法である**時価ヘッジ**もありますが、その適用対象は「その他有価証券」（税務上は「売買目的外有価証券」）のみです。

■繰延ヘッジの処理の例

❶**金利スワップ取引**　220ページと同じとします。
❷**金利スワップの時価評価の処理**
　（借）金利スワップ評価損　120　　（貸）金利スワップ負債　120
❸**繰延ヘッジの処理**　評価損を繰り延べます。
　（借）繰 延 ヘ ッ ジ 損 失　120　　（貸）金利スワップ評価損　120
　◇繰延ヘッジ損失は、資産として貸借対照表に計上します。
　◇ヘッジ対象が消滅した場合、ヘッジ手段の繰延損益・評価差額を当期の損益に計上します。また、ヘッジ処理の要件を満たさなくなった場合、ヘッジ会計の要件が満たされていた間のヘッジ手段の損益・評価差額を、ヘッジ対象の損益が認識されるまで、引き続き繰り延べます。

11 デリバティブの注記事項とリスク管理とは

➔デリバティブ取引はリスクのある金融取引としてリスク管理が重要

デリバティブ取引はリスクのある金融商品ですので、デリバティブ取引の時価を開示することは投資家にとっての有用な財務情報になるとともに、企業側にとってもリスク管理の徹底を図ることになるため、デリバティブ取引の注記事項を財務諸表に記載する必要があります。

■デリバティブ取引の注記事項とは

金融商品会計基準では、金融商品について次の事項の注記を求めています。これは国際的な会計基準にも合致するものです。なお、この注記事項は会社法でも開示対象となっています。

(1) 金融商品の状況に関する事項
　①金融商品に対する取組方針
　　◎取組方針の注記例
　　　デリバティブは、借入金の金利変動リスクを回避するために利用し、投機的な取引は行ないません。
　②金融商品の内容およびそのリスク
　③金融商品にかかるリスク管理体制
　　◎リスク管理体制の注記例
　　　デリバティブ取引の運用・管理については、取引権限、限度額、報告等について定めた社内規程に基づいて、財務部が行なっております。
　④金融商品の時価等に関する事項についての補足説明
(2) 金融商品の時価等に関する事項

ただし、金融商品が重要性に乏しい場合には、注記を省略することができます。なお、連結財務諸表において注記している場合には、個別財務諸表において記載する必要はありません。

ただし、時価を把握することがきわめて困難と認められるため、時価を注記していない金融商品については、その金融商品の概要、貸借対照表計上額および時価を把握できない理由を注記します。

◘デリバティブ取引のチェックポイント

チェックポイント		内容
(1) 取引開始前	①購入目的が明確になっているか	金利、市場価格、為替などのリスク低減にとって、その金融商品が有効なのかを確認する
	②金融商品のしくみを理解しているか	なるべく複数の金融機関等から説明を受けるようにする。理解できない場合は購入しない
	③金融商品のリスクを理解しているか	金利、市場価格、為替などのうち、指標の変動が損益に与える影響、レバレッジ効果を確認する。また解約の可否や条件も確認する
	④金融商品に流動性があるか	市場取引か相対取引かを確認する。相対取引の場合や市場取引であっても取引規模が小さい場合は、いつでも清算できない可能性がある
	⑤時価情報を入手できるか	金融商品の時価を自社で算定できない場合は、金融機関等から時価情報を入手できることを確認する
(2) 取引開始後	①損益の状況を確認できるか	時価の変動を、なるべく毎日確認する
	②決済のタイミングを決めているか	特に損失の許容範囲を明確にしておく

さくいん

数字・アルファベット

あ

か

さ

た

な

は

ま

や

ら

わ

齋藤忠志（さいとう　ただし）
税理士。
1989年に一橋大学を卒業後、総合電機メーカー、自動車メーカーなどで、原価管理、決算、システム開発、国内税務、国際税務、連結納税プロジェクトなどを経験。2007年、税理士登録と同時に、齋藤税理士事務所を設立。現在、東京地方税理士会所属。実務経験と幅広い知識に基づき、会計税務、経営管理、事業承継、国際税務などのサポートを手がける。
著書に『よくわかる国際取引の経理実務』（日本実業出版社）、『最新国際税務の基本と仕組みがよーくわかる本』（秀和システム）がある。

<ホームページ> http://www.saito777.com/

よくわかる金融取引の経理実務

2012年7月20日　初版発行

著　者　齋藤忠志
発行者　杉本淳一

発行所　株式会社日本実業出版社　東京都文京区本郷3－2－12　〒113-0033
大阪市北区西天満6－8－1　〒530-0047
編集部　☎03－3814－5651
営業部　☎03－3814－5161　振　替　00170－1－25349
http://www.njg.co.jp/

印刷／理想社　製本／共栄社

この本の内容についてのお問合せは、書面かFAX（03－3818－2723）にてお願い致します。
落丁・乱丁本は、送料小社負担にて、お取り替え致します。

ISBN 978-4-534-04974-2　Printed in JAPAN